乡村振兴金看点

金融服务乡村振兴论集（2021 版）

农银报业有限公司　编著

中国金融出版社

责任编辑：肖　炜　方　蔚
责任校对：孙　蕊
责任印制：丁淮宾

图书在版编目（CIP）数据

乡村振兴金看点：金融服务乡村振兴论集：2021版/农银报业有限公司编著. —北京：中国金融出版社，2022.12
ISBN 978－7－5220－1815－7

Ⅰ.①乡…　Ⅱ.①农…　Ⅲ.①农村金融—中国—2021—文集
Ⅳ.①F832.35－53

中国版本图书馆CIP数据核字（2022）第206830号

乡村振兴金看点：金融服务乡村振兴论集：2021版
XIANGCUN ZHENXING JIN KANDIAN：JINRONG FUWU XIANGCUN ZHENXING LUNJI：2021 BAN

出版发行　中国金融出版社
社址　北京市丰台区益泽路2号
市场开发部　（010）66024766，63805472，63439533（传真）
网上书店　www.cfph.cn
（010）66024766，63372837（传真）
读者服务部　（010）66070833，62568380
邮编　100071
经销　新华书店
印刷　河北松源印刷有限公司
尺寸　169毫米×239毫米
印张　16.25
字数　188千
版次　2022年12月第1版
印次　2022年12月第1次印刷
定价　58.00元
ISBN 978－7－5220－1815－7

从中华民族伟大复兴战略全局看，民族要复兴，乡村必振兴。

——习近平·《在2020年中央农村工作会议上的讲话》

序　　言

实施乡村振兴战略，是党的十九大作出的重大决策部署，是决胜全面建成小康社会、全面建设社会主义现代化国家的重大历史任务，是新时代做好“三农”工作的总抓手。

中国农业银行作为国有大型商业银行，成立七十余年来，始终不忘初心、牢记使命，紧扣时代脉搏，围绕不同发展阶段“三农”工作的主线和重点，持续加大金融支持力度。党的十八大以来，以习近平同志为核心的党中央对“三农”工作作出一系列重大决策部署，农业银行全力以赴支持打赢脱贫攻坚战和实施乡村振兴战略，以高质量的金融服务，为全面推进乡村振兴和促进农民农村共同富裕作出了重要贡献。

农银报业有限公司是中国农业银行主管的媒体单位，长期在经济、金融特别是农村金融宣传思想领域发挥重要作用。《中国城乡金融报》是我国金融系统历史最悠久的全国性行业报之一。从1985年10月创刊起，该报即以“立足农行，服务银行业，深耕农村金融”为基本定位，在中国农业银行党委的直接领导下，为党的农村金融事业鼓与呼，担当起我国农村金融领域新闻宣传“国家队”“主力军”职责。

2021年是全面推进乡村振兴的开局之年。按照习近平总书记对新闻宣传工作“高举旗帜、引领导向，围绕中心、服务大局”的指示要求，农银报业在乡村振兴宣传领域“投入重兵”、下大力气，推出了一批质量较高，指导性、实用性较强的作品。这些文章既有来源于实践的调研分析，也有专业精深的理论探讨；既有对先进典型的深入剖析，也有指导具体工作的诚恳建议。从作者构成上看，既有国家部委、一流高校的专家学者，也有奋战在服务乡村振兴一线的金融工作者；既有统筹一个区域乡村振兴工作的党政领导，也有制定金融政策、设计金融产品的金融机构专业人士。我们希望，对于关心或投身于乡村振兴事业中的广大读者，这本书能够做到“开卷有益”。特别是对于金融服务乡村振兴各层面的工作者，这些文章能够有助于提升政策理论水平、开阔思维视野、指导工作实践。

2022 年 10 月，中国共产党第二十次全国代表大会胜利召开。党的二十大是在全党全国各族人民迈上全面建设社会主义现代化国家新征程、向第二个百年奋斗目标进军的关键时刻召开的一次十分重要的大会。在这次会议上，党中央再次强调全面推进乡村振兴，并指出“全面建设社会主义现代化国家，最艰巨最繁重的任务仍然在农村”。九万里风鹏正举，乡村振兴的宏图画卷刚刚展开，我们围绕乡村振兴的宣传思想工作和新闻舆论工作也在实践中不断摸索前进。出版这部书也正是我们在这方面探索的一个尝试。囿于理论水平和认识能力，本书必然存在一些不足，在此也诚挚盼望得到更多专业人士及同仁的指正、批评，以期不断完善。

农银报业有限公司
2022 年 11 月

目　　录

第一章　振兴论坛

努力让金融更好服务乡村振兴 ……………………………… 谷　澍（3）

接续为乡村振兴贡献更大金融力量 ………………………… 张青松（8）

践行以人民为中心的发展思想 ……………………………… 王敬东（15）

新格局下全面推进乡村振兴 ………………………………… 孔祥智（21）

奋楫笃行谱新篇 ……………………………………………… 何广文（25）

蹚出城乡融合发展新路 ……………………………………… 胡冰川（29）

为乡村振兴塑形铸魂 ………………………………………… 张　莹（32）

聚焦重点领域　深化金融服务 ……………………………… 王兆阳（35）

多措并举提振美丽乡村精气神 ……………………………… 郭君平（38）

顶层设计擘画振兴蓝图 ……………………………………… 任常青（41）

推动全面振兴　加速向农业强县跨越 ……………………… 袁长奎（44）

全面打造新农村　建设“美丽蒙山” ……………………… 张银岳（46）

打造产业新名片　促进农业农村现代化 …………………… 魏　鹏（48）

推动生态宜居　促进产业兴旺 ……………………………… 张宇峰（50）

第二章　政策精解

释放农地改革红利助推乡村振兴 ………………………… 赵云鹏（55）
用好中央财政资金　衔接推进乡村振兴 ………………… 周自恒（58）
促进乡村教育向优质均衡迈进 …………………………… 张静宜（60）
强链补链　夯实乡村产业振兴基础 ……………………… 张哲晰（63）
全面推进乡村振兴的金融机遇与对策 ………………… 杨　芳（65）
为打造共同富裕乡村样板提供金融支撑 ……………… 康　枫（69）
保护种质资源　做强农业“芯片” …………………… 张灿强（71）
多方发力　培育壮大龙头企业 …………………………… 丁　剑（74）

第三章　创新实践

全国首个乡村振兴金融创新示范区成立 ………………… 王　帅（79）
农业银行设立专项防返贫和产业扶贫发展
“两个基金” ……………………………… 刘艳辉　彭明扬（81）
农业银行“领县”智慧政务平台试点面客 ……… 夏春燕　范　华（83）
农业银行创“联企兴村贷”　支持民企投资乡村
振兴 …………………………………………… 王玉翔　钟伟伟（85）
河北：农行为乡村振兴添金融科技动力 ……………… 张　磊（87）
广东：农行“千人驻镇”助力乡村振兴 ……………… 谭　琼（91）
吉林：农行“黑土粮仓贷”提质粮食生产 ……… 黄英姿　曹　瀚（93）
山西：农行创新信用体系建设助力乡村振兴 ………… 梁晨霄（95）

江苏：农行构建智慧场景　服务县域发展 ………………… 张建良（98）
山东：农行优化系统功能　激发惠农合力 ………………… 邵静河（101）
天津：农行建好电商平台　助力消费帮扶 ………………… 王兆东（104）
海南：农行“党建＋信用村”模式促乡村振兴 ……… 唐儒海（107）

第四章　工作建言

乡村信息官　打通城乡信息通道 ………………………… 张　璟（111）
培育“领头雁”　助力乡村振兴 ………………………… 欧永生（114）
创新农担服务模式　全面推进乡村振兴 ………………… 王丽娟（117）
构建“三下乡”长效机制　助力城乡融合发展 ……… 张　斌（119）
强化监测预警　助力产业振兴 …………………………… 张　莹（122）
乡村建设不能“管建不管用” ………………………… 张　斌（125）
完善乡村振兴考核评估　优化农村金融资源配置……… 王　帅（128）
如何让农村居民青睐掌银乡村版 ………………………… 潘　镭（131）
统筹财政资金　提升支农成效 ………………… 王　帅　王义成（134）
金融服务“破圈”之后再“融圈” …………………… 蒋利萍（137）
多措并举　提升农村适老金融服务 ……………………… 杨　芮（139）
金融科技赋能乡村振兴正当时 …………………………… 车　宁（141）

第五章　调研真知

主动作为　积极探索——对农业银行陕西汉中分行
　金融服务乡村振兴示范村建设的调研 ……… 吴建轩　胡　崇（147）

内外联动　综合经营——对农业银行河南分行以
“惠农 e 贷”助力农户生产的调研 ……………………… 史志军（150）
一县一园一服务方案——对农业银行广东分行金融
服务农业产业园的调研 ……………………… 谭　琼　蔡龙聪（153）
聚焦新型主体　解决融资难题——对农业银行江西
上饶余干县支行金融助力乡村振兴的调研 …………… 周锋荣（157）
综合服务　以质取胜——对农业银行天津分行营销
推广“三资”平台的调研 ……………………… 陈亚峰（161）
创新赋能　补链强链——对农业银行江苏镇江京口
支行产业链金融助力乡村振兴的调研 ……… 夏秀平　戴舜水（164）

第六章　数字乡村

德清：数字乡村建设的先行者 ………………………… 胡杰华（171）
江夏：点燃农业农村高质量发展
“数字引擎” ……………………………… 耿墨浓　陈超志（175）
龙潭区：为乡村治理插上“数字翅膀” ……………… 张　璟（179）
依安县：以数字化重塑农业产业链 ……………………… 李　越（182）
浦东新区：让农民搭上数字化快车 ……………………… 葛建华（185）
石河子市：以电商助推数字乡村发展 ………… 魏若璇　王　林（189）
余庆：以“数字 +”激活乡村发展动能 ………………… 董春岩（193）

第七章　以法促兴

以良法推动善治　促乡村振兴发展 ……………………… 曾恒源（199）

为乡村振兴提供有效法律保障——专访中央财经大学法学院副院长于文豪 …… 张　敏（203）

金融“活水”赋能乡村振兴 …… 侯凯轩（207）

强化司法保障　助力乡村振兴——对最高人民法院有关意见的解读 …… 杨　芳（210）

创新金融服务模式　助力农村土地制度改革 …… 王妍令仪　刘俊杰（213）

第八章　域外参考

意大利：有机休闲农业成乡村振兴引擎 …… 冯丹萌（217）

韩国：让农民在“新村运动”中受惠 …… 林　煜（221）

德国：多元化发展让乡村蝶变 …… 胡杰华（224）

西班牙：依托乡村旅游助力乡村振兴 …… 曹　敏（228）

巴西：打好“组合拳”推进乡村振兴 …… 赵秋倩（231）

新加坡：以现代科技打造都市农业典范 …… 杨梦颖（234）

附：党的宣传思想工作在金融服务乡村振兴中的价值发挥和实践方法 …… （237）

后记 …… （248）

第一章

振兴论坛

编者按：乡村振兴战略的实施是一项长期系统工程，须聚众人之力，集众人之智。2021年，农银报业有限公司充分发挥专业媒体平台作用，开辟多个专栏邀请相关专家和专业人士为乡村振兴大业贡献智慧、启迪思维。我们从数百篇稿件中以不同层面、不同维度精选出十余篇见解精到、有益实践的文章，集纳为“振兴论坛”，希望能够给读者和乡村振兴各界实践者以有益参考。

努力让金融更好服务乡村振兴

■ 谷　澍

习近平总书记指出："我们党的百年历史，就是一部践行党的初心使命的历史，就是一部党与人民心连心、同呼吸、共命运的历史。"自成立以来，中国农业银行不忘初心、牢记使命，坚决贯彻落实党中央关于"三农"工作的方针政策和决策部署，认真践行服务"三农"的职责使命，在推动农业农村发展取得历史性成就、发生历史性变革的伟大实践中贡献了重要力量。在全面建设社会主义现代化国家新征程上，中国农业银行将继续秉持初心使命，努力在金融服务乡村振兴中发挥更大作用，为实现第二个百年奋斗目标不懈奋斗。

坚定面向"三农"持续为农业农村发展输送"金融活水"

金融是实体经济的血脉，为实体经济服务是金融的天职。农业农村发展，离不开金融的有力支持。中国农业银行紧扣时代脉搏，围绕不同发展阶段"三农"工作的主线和重点，持续加大金融支持力度，努力为农业农村发展迈上新台阶作出应有贡献。党的十八大以来，以习近平同志为核心的党中央围绕打赢脱贫攻坚战、实施乡村振兴战略作出一系列重大决策部署。中国农业银行全力以赴支持打赢脱贫攻坚战和实施乡村振兴战略，持续加大对国家粮食安全、现代农业发展、农村基础设施建设、新型城镇化建设和农民生产生活等重点领域的服务和支持力度。截至2021年3月末，中国农业银行县域贷款余额5.68万亿元，截至5月末，中国农业银行涉农贷款余额4.59万亿元，832个脱贫县贷款余额1.40万亿元，精准扶贫贷款余额4959亿元，农户贷款余额1.98万亿元，为脱贫攻坚和农业农村发展源源不断地输送“金融活水”。

农业银行上海分行与云南分行开展东西部扶贫协作，
以直播带货方式拓宽怒江百姓增收渠道（梁志强摄影）

践行为民宗旨　着力拓展农村普惠金融广度和深度

建设普惠金融体系，加强对小微企业、“三农”和偏远地区的金融服务，是党中央作出的重要决策部署。为更好服务“三农”，中国农业银行将传统网点与新型电子渠道、互联网金融有机结合，着力打造全方位、立体式服务渠道，畅通农村普惠金融服务“最后一公里”。积极优化县域网点布局，保持脱贫地区、高海拔地区、边境地区网点数量稳中有增，推动网点向城乡接合部、重点乡镇迁移，不断提升金融网点服务覆盖面。实施“金穗惠农通”工程，在农村商店、卫生室、农资店等设立“惠农通”服务点，布放电子机具，为广大农民群众提供便捷的查询、转账、消费、取现等基础金融服务。大力推进农村金融服务数字化转型，实施手机银行“掌银下乡”工程，开展农户信息建档和信用村、信用户建设，加大面向农民的线上融资“惠农 e 贷”推广力度，创新推出农村集体“三资”管理平台，搭建智慧乡村综合服务平台，积极发展智慧农业、县域智慧教育、县域智慧医疗等场景金融，有力拓展了农村普惠金融的广度和深度。

农业银行河北饶阳支行创新推出“蔬菜贷”“葡萄贷”等产品，支持当地特色产业发展壮大（陈顺喜摄影）

坚持创新驱动　为县域农村提供精准金融服务

我国县域农村发展差异大，金融需求多层次、多样性特点突出。中国农业银行着眼“三农”发展实际，建立总行统筹、分行为主的产品创新机制，研发“农民安家贷”“美丽乡村贷”“普洱贷”“油茶贷”等线下产品，探索出“惠农 e 贷”“小微 e 贷”“产业 e 贷”等线上产品，推出土地承包经营权、集体经营性建设用地使用权、禽畜活体等新型抵质押担保方式，全行“三农”金融产品总量达到230个。构建“年度信贷政策指引+行业信贷政策+区域信贷政策”的“三农”信贷政策体系，出台白酒、制糖、农药、苹果、粮食等近40个涉农行业区域信贷政策。发挥集团综合优势，引入现代农业产业基金、融资租赁、资产证券化等金融工具。加强多方合作，先后探索出政府增信、银担合作、农业产业链金融等一大批服务模式，为农村发展提供精准金融服务。

不断深化改革　强化服务“三农”制度保障

习近平总书记指出：“改革是解放和发展社会生产力的关键，是推动国家发展的根本动力。”解决好“三农”发展中面临的各种矛盾和问题，根本要靠深化改革。中国农业银行坚持把改革作为动力，努力构建适应服务“三农”需要的有效体制机制，形成了横跨城乡的经营特色和格局。贯彻党中央政策性要求，遵循金融发展规律，建立“三农”金融事业部，努力实现履行社会责任与商业运作有机统一。依托“三农”金融事业部这一框架，在总分支行均设立了乡村振兴金融部，纳入“三农”金融事业部范围的县域支行有2102家，网点1.25万个，为金融服务乡村振兴提供了有力制度保障。

统筹发展与安全　着力探索农村金融高质量发展之路

习近平总书记指出：“防止发生系统性金融风险是金融工作的永恒主题。”中国农业银行在持续深化对农村金融规律性认识、更好服务“三农”发展的同时，坚持底线思维，把主动防范化解系统性金融风险放在更加重要的位置。根据“三农”业务特点，在全行统一的风险管理框架内，完善贷款全生命周期风险管控机制，健全全业务、全机构、全流程服务“三农”风险防控体系。加强分支行风险管理基础建设，确保风险防控能力与业务发展相匹配。积极利用大数据、人工智能等科技手段，加强风险的智能识别和预警，确保“三农”信贷资产质量总体稳定，努力做到服务到位、风险可控、发展可持续。

（作者系中国农业银行党委书记、董事长。原文刊载于2021年7月9日《人民日报》，《中国城乡金融报》于2021年7月14日予以全文转载）

接续为乡村振兴贡献更大金融力量

■ 张青松

在庆祝中国共产党成立100周年大会上，习近平总书记庄严宣告，经过全党全国各族人民持续奋斗，我们实现了第一个百年奋斗目标，在中华大地上全面建成了小康社会，历史性地解决了绝对贫困问题。在这一伟大壮举中，作为国务院扶贫开发领导小组成员单位中唯一的国有控股大型商业银行，农业银行始终把金融扶贫作为必须履行好的政治责任，全行动员，尽锐出战，自始至终奋力为打赢脱贫攻坚战贡献金融力量。在“两个一百年”奋斗目标的历史交汇期，农业银行将弘扬伟大脱贫攻坚精神，坚守服务“三农”定位，在金融服务乡村振兴中更好地发挥“国家队”“主力军”作用，为实现第二个百年目标而接续奋斗。

压实服务“三农”主体责任

习近平总书记关于“三农”和扶贫工作的重要论述，是做好金融扶贫与乡村振兴金融服务工作的根本遵循和行动指南。农业银行始终坚持全面准确学习领会习近平总书记关于“三农”和扶贫工作重要论述精神，把握核心要义，明确工作要求，切实将其落实到服务脱贫攻坚和乡村振兴全过程。

着力在学懂弄通做实习近平总书记关于“三农”和扶贫工作重要论述精神上下功夫。农业银行把学习贯彻落实习近平总书记关于“三农”

和扶贫工作重要论述作为首要政治任务，要求各级行深入学习领会精神实质，将学习理论与工作实践紧密结合，切实将习近平总书记关于“三农”和扶贫工作的重要论述精神贯彻转化为金融扶贫和乡村振兴金融服务的具体行动。把加强党的领导作为根本保障，发挥好党委领导和协调各方优势；把精准施策作为基本方略，构建差异化政策制度体系；把支持产业发展作为首要任务，因地制宜创新支持贫困地区和农村地区特色主导产业发展；把凝聚各方合力作为重要途径，大力推广银、政、企、户、保等多方合作模式；把加大资源投入作为坚实支撑，全面保障信贷、财务、人力等资源需求；努力打通农村地区普惠金融服务“最后一公里”，构建线上线下协同贯通的新型服务渠道体系。

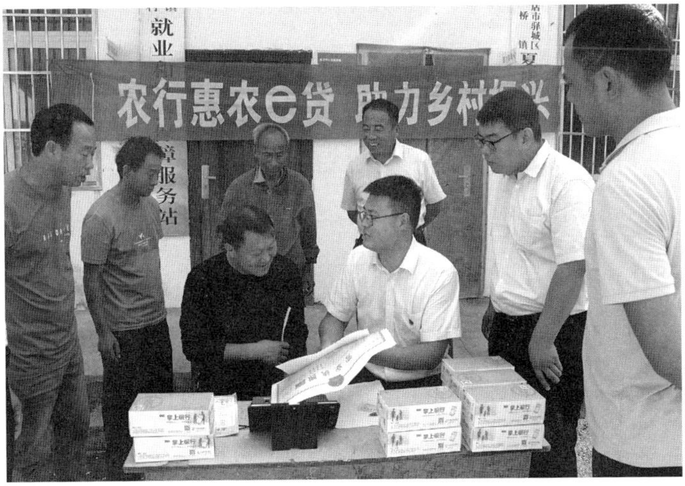

农业银行河南驻马店分行员工深入乡村现场办理“惠农 e 贷”业务，让村民足不出村享受金融服务（邓国勇摄影）

层层压实各级行服务脱贫攻坚和乡村振兴主体责任。各级行“一把手”负总责，层层推进落实，构建起责任清晰、各负其责的工作责任体系。总行成立以党委书记任组长的金融扶贫工作领导小组，贫困地区一级分行比照总行成立金融扶贫工作推进小组，加强对金融扶贫工作统筹协调。2021 年，国家“三农”工作重心历史性地转移到全面推进乡村振兴，总行又成立了金融服务乡村振兴工作领导小组，全面加强对全行服务乡村振兴的组织领导。将服务脱贫攻坚和乡村振兴纳入各级行班子考核，推动各级行切实扛起服务脱贫攻坚和乡村振兴主体责任。

强化服务脱贫攻坚和乡村振兴的支持保障体系。单独制定“三农”金融事业部考核方案，突出服务脱贫攻坚和乡村振兴指标考核。单独下达县域和涉农新增贷款计划，单独安排县域固定资产、费用和工资计划。强化县支行领导班子建设，启动实施县域青年英才工程，加大服务“三农”一线员工补充和培训力度。对精准扶贫贷款和农户贷款等业务实行经济资本占用优惠，充分调动基层行服务“三农”积极性。实施县域贷款、涉农贷款投放与分行领导班子评先评优挂钩政策，完不成任务的不得评先评优。

将作风建设贯穿于服务脱贫攻坚和乡村振兴工作始终。坚持领导干部挂点指导制度，各级行班子成员挂点联系深度贫困地区、定点扶贫县、重点县支行和党建联系点，推动各级领导干部深入“三农”一线，了解实际情况，解决实际问题。挖掘树立服务脱贫攻坚和乡村振兴先进典型，发扬不怕苦、不怕累、甘于奉献的优良作风。常态化开展作风问题专项整治和警示教育，以作风攻坚推动服务脱贫攻坚和乡村振兴工作深入开展。在全国脱贫攻坚总结表彰大会上，农业银行有 3 名个人、5 个集体获得表彰。

弘扬伟大脱贫攻坚精神

近几年，农业银行各级党组织和广大党员干部勇挑重担、攻坚克难，用实际行动诠释了伟大脱贫攻坚精神，金融扶贫工作取得显著成效。832

个国家扶贫工作重点县贷款、精准扶贫贷款、深度贫困地区贷款等均居银行业首位。

坚持精准方略持续加大贫困地区信贷投放。贯彻精准扶贫基本方略，以贫困地区重大基础设施项目、支柱骨干产业、重点带贫企业、建档立卡贫困户等为重点，大力投放精准扶贫贷款，支持贫困户发展生产，推动贫困地区经济发展。聚焦深度贫困地区、52 个国务院挂牌督战贫困县，出台专项支持政策，不断加大金融支持，助力打赢脱贫攻坚战。

着力创新金融扶贫产品和服务模式。立足贫困地区实际，创新推出符合当地特点和需要的金融扶贫产品与模式。2016 年以来，累计创新推出 78 项金融扶贫产品，创新推广了“政府增信 + 银政共管”、特色产业带动、龙头企业带动、光伏扶贫、互联网金融扶贫等 25 种行之有效的精准扶贫模式，有效提升服务脱贫攻坚能力，满足贫困地区多层次、多样化金融需求。

不断延伸贫困地区金融服务网络。优先在贫困地区构建完善“人工网点 + 自助银行 + 惠农通服务点 + 互联网线上渠道 + 流动金融服务”的五位一体服务渠道，有效扩大贫困地区基础金融服务覆盖面。2016 年以来，在贫困地区乡镇累计新建人工网点 168 个、自助网点 599 个；在 832 个原国家扶贫工作重点县，为农民提供基础金融服务的“惠农通”电子机具行政村覆盖率达 90.4%；累计为 600 余个金融机构空白乡镇提供移动金融服务，服务群众 10 万余人次。

扎实推进定点扶贫工作。在河北武强县、饶阳县和重庆秀山县、贵州黄平县 4 个定点扶贫县，与当地政府紧密合作，发挥综合经营优势，做好产业规划、信贷融资、招商引资、对口帮扶、派驻干部、资金捐赠等工作，助力定点扶贫县如期脱贫。

不断丰富非信贷扶贫手段与模式。开展东西部扶贫协作，确定 12 家东部行与“三区三州”12个地州结对帮扶，累计帮助引进招商项目31个，落地投资金额超过10亿元。开展教育就业扶贫，实施“金穗圆梦”助学活动，2018年至2020年累计资助建档立卡贫困家庭新入学大学生10264名；招聘超过1000名建档立卡贫困家庭大学生进入农业银行就业。开展消费扶贫，累计直接购买和帮助销售贫困地区农产品分别达3.9亿元和24.9亿元；研发创办“扶贫商城”，与388家中央单位建立了消费扶贫合作关系，累计助销贫困地区农产品超过7.9亿元。

加大建档立卡贫困户和深度贫困地区减费让利力度。自2019年起，农业银行对建档立卡贫困户生产经营类精准扶贫贷款执行不高于基准利率的优惠政策，对深度贫困地区法人精准扶贫贷款客户执行不高于LPR的优惠政策。2020年，农业银行进一步加大贷款利率优惠力度，建档立卡贫困户生产经营类精准扶贫贷款利率最低可按照同期LPR执行。

打造服务乡村振兴领军银行

农业银行坚持把服务乡村振兴作为新时代“三农”金融服务工作的总抓手，紧紧围绕中央实施乡村振兴战略的决策部署，持续推进机制创新、服务升级、模式转型，努力打造服务乡村振兴领军银行。

坚持高目标引领服务乡村振兴工作。2021年，为深入贯彻中央全面推进乡村振兴战略部署，农业银行明确“两高于、两提升、一稳定”金融服务目标。“两高于”，即确保县域贷款增速高于全行贷款平均增速，农业贷款和乡村产业贷款增速高于全行县域贷款平均增速。“两提升”，即确保县域个人贷款占县域贷款的比例提升；落实人民银行要求，加大对黑龙江、吉林、辽宁、内蒙古等10个粮食生产大省（自治区）和县域金融供给薄弱省、计划单列市的信贷支持，确保这些地区县域新增贷款占全行县域新增贷款的比重高于上年。“一稳定”，即脱贫县的信贷帮扶政策和增速基本保持稳定。

突出乡村振兴重点服务领域。围绕巩固拓展脱贫攻坚成果、国家粮食安全、乡村产业发展和城乡融合、县域消费升级、数字乡村建设等重点领域，逐一研究制定针对性服务方案，着力做好金融服务。

拓展延伸乡村振兴服务渠道。积极优化县域网点布局，保持脱贫地区、高海拔地区、边境地区网点数量稳中有增，推动网点向城乡接合部、重点乡镇迁移。加大离行式自助银行和“惠农通”服务点建设升级力度，为广大农民群众提供便捷的查询、转账等基础金融服务。大力推广掌银、网银、远程银行，让农民群众随时随地享受现代化金融服务。

加强乡村振兴金融产品创新。创新推出“乡村振兴工业贷”“乡村振兴园区贷”“乡村旅游重点村贷款”等专属产品，打造农村产业融合发展、农村产权制度改革、农业农村基础设施建设、“三农”绿色金融、“三农”幸福产业等乡村振兴产品线，让每一个重点领域都有金融产品对接，全行“三农”特色产品达230个。构建起“年度信贷政策指引+行业信贷政策+区域信贷政策”的“三农”信贷政策体系，出台粮食、种业、生猪等近40个涉农行业区域信贷政策。

以科技赋能拓展服务乡村振兴的广度与深度。加快“三农”和县域业务数字化转型，研发智慧乡村综合服务平台。加大面向农民的线上融资“惠农e贷”推广力度，将其打造成服务普通农户、具有广泛影响力的农户贷款品牌。实施“掌银下乡”工程，开展掌银示范村建设，推出掌银乡村版，让农村居民享受方便快捷的掌银服务。围绕县域政务和公共服务端、生产端、消费端，创新推出县域智慧政务、农村集体“三资”管理平台、智慧农业、智慧乡村旅游等数字化场景，助力提升农业现代化和乡村治理信息化水平。

推进多方合作构建服务乡村振兴合力。加强与农业农村部、乡村振兴局、文化和旅游部、商务部等合作，共同支持现代农业、农业科技、民营企业等发展。加强与省级政府合作，共同推动当地现代农业产业发展、美丽宜居乡村建设、数字乡村建设等乡村振兴重点领域发展。加强银担合作，拓展业务合作范围，加大对新型农业经营主体、农产品仓储保鲜冷链设施建设等的支持力度，与农担合作份额位居银行同业首位。

农业银行江苏盐城分行持续加大农房改善项目资金投入力度，全力支持美丽乡村建设。图为该行支持的步凤镇三龙村农民集中居住区（吴惠摄影）

习近平总书记强调，全面实施乡村振兴战略的深度、广度、难度都不亚于脱贫攻坚，必须加强顶层设计，以更有力的举措、汇聚更强大的力量来推进。农业银行作为服务“三农”的“国家队”“主力军”，将紧紧围绕这一重大历史任务，义不容辞地担起服务“三农”和乡村振兴的责任与使命，以更高站位、更高标准、更实举措为加快推进农业农村现代化贡献农行力量。

（作者时任中国农业银行党委副书记、行长；现任中国人民银行副行长、党委委员，中国人民银行货币政策委员会委员。原文刊载于《金融文化》2021 年第 5 期）

践行以人民为中心的发展思想

■ 王敬东

习近平总书记指出，江山就是人民，人民就是江山，打江山、守江山，守的是人民的心。

在向第二个百年奋斗目标进军的新征程中，农业银行将更加自觉地践行以人民为中心的发展思想，牢记初心使命，践行党的宗旨，主动将人民群众是否满意作为评价各项工作的基本准绳，依托横跨城乡的机构布局和网点网络，努力提供更加优质、高效的金融服务，不断提升人民群众金融获得感、幸福感和安全感。

保持鲜明底色

坚持以人民为中心的发展思想是农业银行 70 年改革发展的鲜明底色。今年是农业银行成立 70 周年。农业银行 70 年的发展史就是一部践行党的初心使命、全心全意为人民服务的金融报国史。

70 年来，农业银行始终坚守面向“三农”、服务城乡的职责定位，致力于为广大人民群众提供便捷金融服务，已发展成为全国唯一一家在所有县域都有分支机构的国有大型商业银行。其中，距边境线两公里以内的网点 191 家，海拔 3500 米以上高寒地区的网点 442 个。很多员工不畏艰辛、不怕困苦，长期扎根在边疆和老少边穷地区，以“缺氧不缺精神”的信念和“艰苦不怕吃苦”的精神，为边疆地区经济发展、社会进步、民族团结和人民群众安居乐业作出了重要贡献。“马背上的银行”“摩托车银行”“背包银行”“铁索客户经理”……这些“简单而生动”的服务方式，不仅是农业银行创新“三农”金融服务的重要举措，更是农行人全心全意为人民服务的真实写照。

在平均海拔5000米以上、年平均气温零下10摄氏度的西藏自治区那曲市双湖县，农业银行双湖县支行是当地唯一一家金融机构，这里空气稀薄，常人难以适应，但农行干部员工长年坚守在平凡的岗位上，默默无闻地为当地一万多名农牧民提供金融服务。在今年全国“两优一先”表彰大会上，双湖县支行党总支获评“全国先进基层党组织”称号。

农业银行西藏分行通过“摩托车银行”“马背银行”等方式，为边远地区农牧民提供流动金融服务（胡波摄影）

党的十八大以来，农业银行把金融扶贫作为重要政治责任，举全行之力助力打赢脱贫攻坚战，持续加大信贷资金投入，不断创新丰富金融产品，有效拓展网点网络覆盖面，搭建线上消费扶贫平台，开展贫困家庭大学生专项招聘“千人计划”和“金穗圆梦”助学活动，圆满完成金融服务脱贫攻坚各项任务，为全面建成小康社会作出了应有贡献。

贯穿发展全过程

将以人民为中心的发展思想贯穿于推动经济高质量发展的全过程。习近平总书记在庆祝中国共产党成立100周年大会上强调，新的征程上，我们必须紧紧依靠人民创造历史，坚持全心全意为人民服务的根本宗旨，站稳人民立场，贯彻党的群众路线，尊重人民首创精神，践行以人民为中心的发展思想，发展全过程人民民主，维护社会公平正义，着力解决发展不平衡不充分问题和人民群众急难愁盼问题，推动人的全面发展、全体人民共同富裕取得更为明显的实质性进展。

习近平总书记的重要指示为我们更好地践行以人民为中心的发展思想指明了前进方向，提供了根本遵循。农业银行将进一步提升政治判断力、政治领悟力、政治执行力，认真落实党中央决策部署，适应我国社会主要矛盾的变化，把促进全体人民共同富裕作为为人民谋幸福的着力点，主动将以人民为中心的发展思想贯穿于业务经营各方面、全过程，始终把实现好、维护好、发展好最广大人民根本利益作为创新驱动、转型发展的基本导向。

前不久发布的农业银行“十四五”规划，明确提出要主动融入双循环新发展格局，以服务人民群众对美好生活的向往为出发点，立足解决实体经济发展中的痛点难点堵点问题，全力打造服务乡村振兴领军银行、服务实体经济主力银行。要切实发挥贴近群众的天然优势，在产品研发、渠道建设、营销体系、业务流程、组织架构等方面深化改革创新，进一步提高金融服务适应性、普惠性和满意度，更好满足人民群众对美好生活的向往。

围绕勤劳创新致富，针对辛勤劳动、合法经营、敢于创业的致富带头人，加大信贷支持力度，带动更多低收入人群迈入中等收入行列。大力践行“绿水青山就是金山银山”理念，紧紧围绕碳达峰、碳中和目标，全面实施绿色金融战略，完善绿色金融治理体系，持续加大绿色信贷投放，不断增进人民群众生态福祉。

坚持走深走实

用以人民为中心的发展思想引领和推动党史学习教育不断走深走实。习近平总书记在党史学习教育动员大会上强调，要切实为群众办实事解难题。把学习党史同总结经验、观照现实、推动工作结合起来，把学习成效转化为工作动力和成效。

农业银行广东南海里水支行党员服务团队走访种植大户，以“花卉贷”等产品满足客户金融需求（郑浩杰摄影）

党史学习教育开展以来，农业银行党委班子成员分别选取一个革命老区支行，建立党史学习教育联系点，围绕巩固脱贫攻坚成果、服务乡村振兴、促进实体经济发展、补齐公共服务短板等问题，深入基层、深入一线、深入客户开展调研，广泛听取意见。

在充分调研的基础上，及时制定下发“我为群众办实事”实践活动工作方案，明确服务“三农”、绿色金融、普惠金融、民生金融、服务升温、转变作风六方面 22 条办实事措施，实施项目化推进，确保重点不变、靶心不偏、紧贴群众、务求实效。

总行机关 55 个党组织与 52 个脱贫县、4 个定点帮扶县支行和所在县 57 个脱贫村，开展“双结对、双促进”党建结对帮扶活动，问需群众，问计基层，把学习党史和推动“我为群众办实事”实践活动紧密结合起来。下一步，农业银行将紧扣职责使命，锁定重点领域，加强穿透督办，持续跟踪问效，深入实施一批金融为民、利民、惠民、便民重点项目，由群众监督，让群众阅卷，切实将实事办到人民群众心坎上。

强化政治保障

坚持党的全面领导为践行以人民为中心的发展思想提供坚强政治保障。习近平总书记指出，坚持党的领导、加强党的建设，是我国国有企业的光荣传统，是国有企业的“根”和“魂”，是我国国有企业的独特优势。

农业银行共有 4.4 万个基层党组织、25 万名党员，在中管金融企业中党组织和党员数量最多，这是农业银行巨大政治资源和组织优势。党的十八大以来，农业银行坚持以政治建设为统领，全面加强党的建设，引领带动各级基层党组织和广大党员干部在服务“三农”、服务实体经济、决胜脱贫攻坚、打赢疫情防控阻击战中发挥骨干和中坚作用，为有效满足人民群众和实体经济多样化金融需求作出了积极贡献。

新阶段新征程，农业银行将始终坚持党的领导、加强党的建设，自觉把党的全面领导融入公司治理各方面全过程，为践行以人民为中心的发展思想提供坚强政治保障。主动强化机制建设，把践行以人民为中心的发展思想具体成效纳入全面从严治党工作考评，纳入各级党委班子年末述评考核，充分发挥各级党组织战斗堡垒和党员先锋模范作用。

坚持党管干部原则，围绕促进农民农村共同富裕，巩固拓展脱贫攻坚成果，加强服务乡村振兴干部队伍建设，加快打造“懂农业、爱农村、爱农民”的专家型干部人才队伍。继续推动各级行选派优秀的党员干部赴乡镇、乡村挂职，当好党中央政策宣讲队和服务“三农”先锋队，发挥好桥梁纽带作用，形成服务人民群众的强大合力。教育引导广大党员、干部、员工弘扬光荣传统，赓续红色血脉，继承发扬伟大建党精神，做到心中装着群众、用心服务人民，充分激发敢于担当、为民造福的积极性、主动性和创造性。

（作者系中国农业银行党委副书记、监事长。原文刊载于《金融文化》2021 年第 6 期）

新格局下全面推进乡村振兴

■ 孔祥智

近日，《中共中央　国务院关于全面推进乡村振兴加快农业农村现代化的意见》，即2021年中央一号文件发布。

文件指出，民族要复兴，乡村必振兴。要坚持把解决好“三农”问题作为全党工作重中之重，把全面推进乡村振兴作为实现中华民族伟大复兴的一项重大任务，举全党全社会之力加快农业农村现代化，让广大农民过上更加美好的生活。

指明“三农”工作方向

2021年是“十四五”规划的开局之年。此时发布的中央一号文件，具有节点性的意义，事关今后一段时间“三农”工作的定位和考量。党的十九届五中全会通过的《中共中央关于制定国民经济和社会发展第十四个五年规划和二〇三五年远景目标的建议》指出，我国发展环境面临的问题之一就是“农业基础还不稳固”。作为“十四五”期间的第一个一号文件，必然要对农业基础不稳固问题予以解答。

新发展阶段“三农”工作依然极端重要，须臾不可放松，务必抓紧抓实。今年的一号文件不仅部署了2021年的农业农村政策，还对“十四五”期间的农业农村政策进行了部署。

截至2020年底，我国的脱贫攻坚取得了决定性胜利，一号文件提出“实现巩固拓展脱贫攻坚成果同乡村振兴有效衔接”，并且具体规定了衔接周期及途径，这不仅使数百万名脱贫农户吃了一颗“定心丸”，而且对于800多个国定贫困县以及大量的省定贫困县的发展具有重大意义。此外，加快构建新发展格局，迫切需要挖掘农村潜力，扩大农村需求，畅通城乡经济循环，为此，一号文件提出“全面促进农村消费”等要求。

主要内容聚焦乡村振兴

今年的一号文件对全面推进乡村振兴、加快农业农村现代化作出重大部署，对于扎实做好新发展阶段“三农”工作，促进农业高质高效、乡村宜居宜业、农民富裕富足，具有重大指导意义。文件内容全面，政策含金量高，主要内容包括以下五方面：

工作重心转移。一号文件提出，实现巩固拓展脱贫攻坚成果同乡村振兴有效衔接，对于完成脱贫攻坚目标任务的原贫困县，从脱贫之日起设立5年过渡期，确保工作不留空档、政策不留空白。这一政策将逐步实现由集中资源支持脱贫攻坚向全面推进乡村振兴的平稳过渡，并推动“三农”工作重心的历史性转移，进一步打牢农业基础地位，是完成新阶段发展任务、实现中华民族伟大复兴的基础性环节。

当然，脱贫攻坚任务完成后，解决了绝对贫困问题，但相对贫困问题还会长期存在，这就要对包括原贫困户在内的农村低收入群体加强常态化帮扶，对于有劳动能力和致富意愿的低收入人口开展开发式帮扶，帮助他们尽快提升致富能力；对于丧失劳动能力的低收入人口，通过完善社会保障体系，按规定纳入农村低保或特困人员救助供养范围，解决他们生活的后顾之忧。

打好种业翻身仗。一号文件提出："农业现代化，种子是基础。"现代种业是由农业大国向农业强国转变的基础。按照一号文件的要求，"十四五"期间要加强种质资源的保护和利用，加强国家作物、畜禽和海洋渔业生物种质资源库建设；支持种业基础性研究，打好种业发展的基础；加快实施农业生物育种重大科技项目，加强生物技术、信息技术、大数据技术相结合的应用研究；支持种业龙头企业建立健全商业化育种体系，促进育繁推一体化发展。

大力实施乡村建设行动。一号文件明确提出，乡村建设行动，是农村现代化的具体化和形象化。"十四五"期间乡村建设行动需要解决的问题很多，其中，最关键的就是农村人居环境整治。一号文件提出，要实施"农村人居环境整治提升五年行动"，就是要在三年行动成果的基础上，加强中西部地区农村户用厕所改造，统筹农村改厕和污水、黑臭水体治理，健全农村生活垃圾收运处置体系，力争到"十四五"末期，农村人居环境得到根本性的改变。今年一号文件还有一个重要创新点，即明确指出在县域内实施城乡融合发展，这就抓住了城乡融合发展的"牛鼻子"，对于促进乡村和城镇的融合发展具有重大意义。

深入推进农村改革。一方面，继续强调向改革要红利。一号文件提出"有序开展第二轮土地承包到期后再延长 30 年试点"。此外，如何巩固和利用好农村集体产权制度改革的成果，发展壮大新型农村集体经济；深化农村宅基地制度改革，增加农民的财产收入；推进农村集体经营性建设用地改革，完善盘活农村存量建设用地政策，保障乡村产业发展和乡村建设用地等问题，都是今后农村改革的重点任务。

加强新时代农村精神文明建设。一号文件提出，要弘扬和践行社会主义核心价值观，推动形成文明乡风、良好家风、淳朴民风。要把社会主义精神文明和我国延续几千年优秀传统文化的精髓紧密结合在一起，培育独特的乡村文化，这是我国农村现代化的基础和硬核。

（作者系中国人民大学农业与农村发展学院教授、博士生导师。原文刊载于《中国城乡金融报》2021 年 3 月 5 日 A5 版）

奋楫笃行谱新篇

■ 何广文

2021 年 2 月 25 日，习近平总书记庄严宣告，经过全党全国各族人民共同努力，在迎来中国共产党成立一百周年的重要时刻，我国脱贫攻坚战取得了全面胜利，现行标准下 9899 万名农村贫困人口全部脱贫，832 个贫困县全部摘帽，12.8 万个贫困村全部出列，区域性整体贫困得到解决，完成了消除绝对贫困的艰巨任务，创造了又一个彪炳史册的人间奇迹！

“胜非其难也，持之者其难也。”正如习近平总书记所说，“我们要切实做好巩固拓展脱贫攻坚成果同乡村振兴有效衔接各项工作，让脱贫基础更加稳固、成效更可持续。”

加强供给保障

巩固脱贫攻坚成果，意味着规模性返贫和规模性新生贫困现象得到有效控制、脱贫人口收入水平稳定并适度增长、“两不愁三保障”成果得到稳固，实现脱贫成果的稳定性和可持续性，全面推进乡村振兴。这与实现脱贫攻坚一样，都是一个艰巨、繁重、长期的过程。中央为此设立了 5 年过渡期，与“十四五”规划衔接，旨在“扶上马送一程”。

对于如何巩固脱贫攻坚成果，首先需找准着力点，需重点关注不稳定的脱贫户、边缘群体、易地扶贫搬迁户等群体。这些群体可能因收入不稳定、收入骤减或支出骤增而返贫。从需求端来讲，应从脱贫群体和脱贫地区的基本需求出发，构建巩固脱贫攻坚成果的基本制度保障。从供给侧来看，应实施巩固脱贫攻坚成果接续战略，全面推进乡村振兴，激发脱贫群体和脱贫地区的内生增长动力，构建和培育脱贫地区、脱贫人口、中低收入群体自我可持续发展的内生增长机制、自我造血机制。

与此同时，在满足脱贫群体的基本需求方面，则需构建和完善有利于推进城乡融合发展、区域均等化程度不断提升的基本公共服务供给保障制度。这除了要巩固拓展脱贫地区义务教育、基本医疗保障成果外，还应重点关注强化低保和特困人员救助供养、医疗、教育和住房四个方面的社会救助。

甘肃省古浪县黄花滩移民区海拔较高，水土环境优良，
适宜串番茄的生长，产品供不应求（邓顺章摄影）

激发内生动力

有些贫困地区虽然已经脱贫摘帽，经济发展基础却依然较为薄弱，

在促进巩固拓展脱贫攻坚成果与乡村振兴有效衔接的新发展阶段，应在激发内生动力上下功夫，不断增强自我可持续发展的能力。

很显然，乡村振兴，产业兴旺是基础，也是巩固拓展脱贫攻坚成果的关键。要通过整合特色优势产业、手工业资源，推进适度规模化经营、相对专业化发展；在规划的基础上，推进“一村一品”“一镇一品”，调整产业结构和产业布局；培育龙头企业，加强品牌化建设，不断提高产品附加值，提升产业可持续发展能力。

当然，发展产业要处理好是发力粮食相关产业还是非粮产业的问题。在农村产业结构调整过程中，有些地方一讲发展产业，就搞非粮产业。2018 年中央一号文件明确指出要发力粮食相关产业。如何在粮食相关产业和非粮产业之间取舍，是农村产业结构调整需要处理好的重要问题。

在推动“农业 +”发展方面，要实现农旅结合、农体结合，推动康养、休闲、农耕文化和乡土文化传承，承载田园乡愁，体现现代文明。通过土地经营权流转和适度集中促进农民返乡创业和拉动本地就业，通过促进工商资本下乡，培育新农人、新型农业经营主体，培育农民合作机制，让农民更多分享产业增值收益。

值得强调的是，农业的发展不能不依靠大户、能人，不能不依靠工商资本，绝大多数小农户或者脱贫户很难形成规模效应。对他们的最优扶持，可能就是提供给他们一个稳定的就业机会。2019 年诺贝尔经济学奖获得者班纳吉和迪弗洛在其《贫穷的本质》一书里就有类似结论。

同时，要强化市场体系建设，做好产销衔接，防范风险。我国农产品市场供求已基本均衡，竞争较激烈，农业发展的约束，已经不是劳动力、资金和技术等生产要素的约束，而是市场需求的约束。因此，脱贫摘帽地区乡村产业可持续发展的关键，在于市场体系的培育和完善。

完善金融服务

新型农业经营主体是我国农业、农村的未来。以产业为基础培育新型农业经营主体，并构建利益贡献机制，是巩固脱贫攻坚成果、推进乡村振兴的主要保障。据笔者调研，约有2/3的新型农业经营主体存在外部融资需求，但有60%以上的新型农业经营主体信贷需求没有得到满足。完善构建新型农业经营主体的金融服务机制，特别是信贷供给机制意义重大。

与一般农户相比，新型农业经营主体规模更大、实力更强，融资需求的金额也更大、期限也更长。对此，要促进金融机构完善新型农业经营主体信贷产品要素，适当提高信贷额度、延长信贷期限。银行等金融机构可在放贷对象、抵押物条件、贷款额度、还贷方式等方面，在充分做好风控的前提下，给予适当“松绑”。

为了构建和完善新型农业经营主体信贷政策性担保机制，要激励金融机构针对新型农业经营主体创新抵押担保方式。除了银行业金融机构，还应促使新型农业经营主体融资结构更加多样化。

另外，要提升新型农业经营主体经营管理者的数字普惠金融素养，大力推进新型农业经营主体生产经营数字化、农业产业链数字化，为数字普惠金融服务供给提供数据基础。对于那些资产规模较大、产业链较完善、成员规模较大，规范经营的合作社，发展合作社内部的信用合作，逐渐构建起生产、供销、信用“三位一体”的共生和利益共享机制。

（作者系中国农业大学经济管理学院教授、博士生导师、农村金融与投资研究中心主任。原文刊载于《金融文化》2021年第1期）

蹚出城乡融合发展新路

■ 胡冰川

党的十九大报告指出，要建立健全城乡融合发展体制机制和政策体系，加快推进农业农村现代化。“十四五”规划则对城乡融合发展提出了更为具体的实施方案。2020 年，我国人均 GDP 超过 1 万美元，常住人口城镇化率达到 63.9%，农村居民人均可支配收入 17131 元，增速连续 11 年跑赢城镇居民。与此同时，我国第一产业占 GDP 比重已经下降到 7.7%，就业数量占比已经下降到 25.1%。综合相关数据，对标发达国家的历史经验，中国正进入现代化发展加速期。

一般来讲，城乡融合发展受到两种因素影响，一种是内生机制，另一种是外生干预，恰如马克思关于生产力与生产关系的理论表述。从根本上来讲，现代化的本质是人的现代化，每个人都有追求富足的物质和精神生活的权利，现代化的过程也是权利实现的过程，这种追求是驱动城乡融合发展的根本动力。就外在影响因素而言，户籍制度、要素分配等相关因素一直以来存在缺陷。针对这些问题，相关改革举措也十分明确，包括加快农业转移人口市民化、建立健全城乡要素平等交换、促进要素更多向乡村流动等。

世界范围内，城乡发展基本都是二元的，特别是面积比较大的国家，即城乡发展界限分明。即便是当前发达国家的城乡发展，也是如此。从发达国家的历程来看，很多农村区域，由于公共服务无法有效覆盖，只能通过“可及性”来加以实现，这种“可及性”的基础来源于小城市的扩展。从人类发展史来看，公共服务的“可及性”只是折中方案，不仅是农牧业区域，任何直接利用自然资源进行生产的人类活动区域都存在这个问题，例如采掘业等。

从现代意义上讲，这些偏远地区的人类活动既包括生产方面，也包括生活方面。在人类的生产空间，提供“可及”的公共服务往往能够满足人们的物质需求和心理需求，从而使得生产活动持续下去。但在人类的生活空间，“可及性”就远远无法满足实际需求。因此，城市化发展并没有因为乡村基本公共服务水平的提高而停止，2019 年美国城市化率为 82.3%，预计 2030 年将达到 86%，2040 年将达到 88.2%。

如果现代化是一元的，那么城市化也必然是一元的，城乡融合则是突出表现。从严格意义上来说，以填补乡村功能方式为实现路径的城乡融合都属于现代化的过渡形态，对于绝大多数传统乡村而言，即使补齐基础设施和公共服务短板，未来也会消亡。而成长起来的乡村实际上并不是传统乡村，而是现代或者后现代城市，是新型城市形态，这个逻辑和现有城市的发展逻辑是一致的。

可以构想一幅未来城乡融合发展的图景：对于偏远地区的农业生产者而言，在种植季居住在农舍，在农作物收获后回到城市生活，或者是频繁往返于城市居住地与农业生产地。当前，这种场景在黑龙江等“人少地多”的区域已经成为现实。对称地，也可以构想另一幅图景：在传统农业生产区域，嵌入集中居住的生活社区，对于在这个社区生活的人们来说，大部分收入来源并不是农业，社区公共事务决策并不依赖熟人社会，而周边农业生产也不会改变生活形态，例如不需要传统院落来放置劳动工具，此时的村居形态实际上是城市社区形态，其公共服务则是由城市提供的。这种场景在江苏、浙江等经济发达地区已经成为现实。

从这两个场景出发，可以看出，城乡二元发展最终会被以城乡融合为特征的一元化发展路径所取代。当然，这并不是说填补乡村功能的路径行不通，恰恰相反，现阶段无论是乡村振兴还是新型城镇化，都需要对传统乡村进行功能填补，因为城乡融合需要有一个演进的过程。在填补乡村功能的历史进程中，相当一部分乡村会自然凋敝，但不能因为未来的乡村凋敝否定对乡村进行功能填补。从事物发展规律来看，这是必须支付的进步成本，需要辩证地看。

习近平总书记强调，要走城乡融合发展之路，向改革要动力，加快建立健全城乡融合发展体制机制和政策体系。回到中国城乡融合发展的坐标上，基本定位是强化以工补农、以城带乡，推动形成工农互促、城乡互补、协调发展、共同繁荣的新型工农城乡格局，大体的做法是对乡村进行功能填补，对农户进行还权赋能。包括深化农业农村改革、加强农业农村发展要素保障。

随着现代化发展，人类的农业活动已经成为社会化大生产的一个组成部分，农业也成为社会分工中的一个职业构成，现有“退出权”“准入权”更多地与农民的集体经济成员身份挂钩，在某种意义上是城乡二元结构的延续。如果有一种制度安排，使农民不用放弃自有的承包地和宅基地，则有利于对农民权利的保护。

城乡融合发展是经济社会发展的必然结果，同时也是推动力。改革开放以来，随着工业化城镇化进程不断加快，城乡融合发展具备了良好的发展条件，按照当前的趋势，未来的城乡融合必将开拓一个新局面。同时，也需要看到，传统村落与现代社会的发展并不兼容，仍然需要时间去纾解。而对于乡村功能填补和农户还权赋能，也需要新的思路。从世界范围来看，在城乡融合发展领域，并没有更好地借鉴经验，需要“摸着石头过河”。需要坚信的是，在党的领导下，中国的城乡融合发展一定会蹚出一条新路!

（作者系中国社会科学院农村发展研究所研究员、中国农业经济学会副秘书长。原文刊载于《金融文化》2021 年第 3 期）

为乡村振兴塑形铸魂

■ 张　莹

改革开放40多年来，我国农村经济取得举世瞩目的成就，农业生产力水平不断提高，农民收入不断增加，农村面貌焕然一新，我国已进入全面推进乡村振兴、加快农业农村现代化的新阶段。乡村振兴，既要塑形，也要铸魂。推进农村精神文明建设，有利于催生乡村振兴内生动力，为农村经济健康发展提供能量源泉；有利于提高农民思想道德素质和科学文化素质，为乡村产业发展提供智力支持；有利于丰富农民精神文化生活，为建设文明乡风提供道德滋养。

在全面实施乡村振兴战略的背景下，我们要清醒地看到，当前农村社会文明程度与乡风文明要求还有差距，精神文明建设水平有待加强。

首先，乡村思想道德水准仍需提升。农村地区人口文化素质相对较低，不良生活习惯依然存在，文明意识较弱，利益纷争、邻里纠纷时常发生。不少地区的群众农闲时节热衷“打麻将”“打牌”，影响社会风气，尤其不利于青少年健康成长。一些人是非、善恶、美丑界限混淆，不讲诚信、掺假售假时有发生。

其次，陈规陋习依然存在。受攀比心理、敛财心理和补偿心态影响，比房子、比车子、讲排场、比阔气的现象依然存在，加重群众的经济负担，降低百姓的幸福感。名目繁多的人情礼仪助长乡村重利轻义的歪风，低俗媚俗庸俗的婚丧仪式影响农村社会安定。封建迷信、风水观念依然普遍，部分群众在面对天灾、人祸、重疾时优先寻求神明帮助。

最后，一些地方社会主义核心价值观还未占领乡村文化高地。新时代文明实践活动尚未走入寻常百姓家，活动的载体不够丰富，缺乏创新方式方法，没有用百姓听得懂、听得进、记得牢的语言将习近平新时代中国特色社会主义思想送进千家万户。奋斗精神淡化，一些地方的群众存在小富即安、“等靠要”等思想。

鉴于此，要坚持以习近平新时代中国特色社会主义思想为指导，立足乡村文明，吸取城市文明及外来文化优秀成果，以社会主义核心价值观为引领，以提升乡村社会文明程度为目标，多方式、多渠道地推进优秀思想观念、人文精神、道德规范等的乡村代际传承。

加强思想道德建设，推动社会主义核心价值观融入乡村。采取符合农村特点的方式方法，推进社会主义核心价值观落细落小落实，融入文明公约、村规民约、家规家训。通过新时代文明实践中心、农村文化礼堂、农民夜校、新时代农民讲习所、道德讲堂等平台，组织农民群众学习习近平新时代中国特色社会主义思想，广泛开展中国特色社会主义和中国梦宣传教育，用中国特色社会主义文化、社会主义思想道德牢牢占领农村思想文化阵地。

深入开展农村精神文明创建系列活动。持续做好文明县城、文明村镇创建活动，进一步提高县级及以上文明村和文明乡镇的占比。继续开展星级文明户、文明家庭、五好家庭等群众性精神文明创建活动，好媳妇、好儿女、好公婆、农村道德模范、最美邻里、身边好人、新时代好少年等评选表彰活动，以及寻找最美乡村教师、医生、村官、人民调解员等选树活动，遴选、推出一批新时代农民的先进模范人物。大力推进道德讲堂、乡风评议等活动，深入宣传道德模范、身边好人的典型事迹，引导农民爱党爱国、向上向善、孝老爱亲、重义守信、勤俭持家。开展好家风建设，传承传播优良家训，倡导形成耕读传家、父慈子孝、诚信重礼等良好家风民风。

深化移风易俗行动。支持县乡两级党委和政府指导制定或修订村规民约，充实婚事新办、丧事简办、孝亲敬老等移风易俗内容尽快实现村规民约行政村全覆盖。引导和鼓励村民委员会依据村规民约出台群众认可的约束性措施，治理农村婚丧大操大办、高额彩礼、铺张浪费、厚葬薄养等陈规陋习。加强红白理事会、老年人协会、村民议事会、道德评议会等群众组织建设，充分发挥农村基层群众组织作用。加强无神论宣传教育，抵制封建迷信活动。推动建立农村党员干部操办婚丧事宜报备制度，发挥好党员干部模范带头作用。

（作者系农业农村部农村经济研究中心社会文化研究室副主任。原文刊载于《中国城乡金融报》2021 年 2 月 24 日 B3 版）

聚焦重点领域 深化金融服务

■ 王兆阳

改革一直是做好“三农”工作的重要经验，是乡村振兴的重要法宝。改革开放之初，农村改革推动农业生产、农民生活、农村面貌发生巨大变化，为社会主义现代化建设作出了重大贡献。为进一步激发乡村发展内生动力，党的十九届五中全会提出，“十四五”时期要全面深化改革。中央农村工作会议进一步强调，要加快推进农村重点领域和关键环节改革，激发农村资源要素活力。“十四五”规划和2021年中央一号文件，明确了当前和今后一段时期深入推进农村改革的重点任务、工作举措。

从金融角度看，做好农村改革金融服务，是银行业金融机构服务乡村振兴的重要任务，也是加快自身发展的重要机遇。新发展阶段，银行业金融机构应进一步加大改革创新力度，积极做好农村改革重点领域金融服务。

围绕巩固完善农村基本经营制度，做好农业适度规模经营金融服务。农村基本经营制度是党在农村政策的基石，是农村改革数十年探索形成的重要制度成果。

银行业金融机构应围绕第二轮土地承包到期后再延长三十年的政策，以国家试点区域为重点，积极参与土地经营权流转服务体系建设，创新推广农村承包土地经营权抵押贷款；落实加快培育新型农业经营主体要求，以国家粮食生产功能区、现代农业产业园等为重点，开发专属金融产品，增加首贷、信用贷，大力支持专业大户、家庭农场、农民专业合作社等新型农业经营主体发展；紧扣国家促进小农户和现代农业有机衔接部署，以农业产业化龙头企业、农业社会化服务组织为突破口，探索农业产业链金融服务模式，推广线上线下农户贷款，大力发展农户小额信用贷款、保单质押贷款、农机具和大棚设施抵押贷款业务，不断提高农户贷款覆盖面和可得性。

围绕深化农村土地制度改革，做好农地金融服务。党的十八大以来，党中央不断推进农村土地制度改革，开展农村承包地“三权分置”改革，启动农村土地征收、集体经营性建设用地入市、宅基地制度改革试点，为银行业金融机构开展农地金融服务创造有利条件。2020 年修订的《土地管理法》，基本扫除了集体经营性建设用地入市的法律障碍。

“十四五”期间，商业银行应聚焦农村集体经营性建设用地、农村宅基地“两块地”改革，加大支持力度。围绕农村集体经营性建设用地改革，大力发展农村集体经营性建设用地使用权抵押贷款，对盘活空闲、废弃和低效利用的集体建设用地用于乡村旅游、产业发展项目，予以优先支持。围绕农村宅基地制度改革，在国家相关试点区域内，稳步试点开展农村住房财产权抵押贷款业务。围绕《土地管理法》关于城乡建设用地增减挂钩政策，探索运用 PPP 模式、“地方政府专项债 + 配套融资”等方式，依法合规支持乡村土地综合整治项目。

围绕深化农村集体产权制度改革，做好农村集体经济组织金融服务。实施农村集体产权制度改革，是党中央基于国情、农情作出的重大决策部署。目前，全国已有超过 36 万个村完成改革，确认集体成员 6 亿多人，超过 27 万个集体经济组织领取登记证书，核实全国农村集体经济组织账面总资产超过 6.5 万亿元。

金融机构应围绕中央发展壮大新型农村集体经济要求，综合运用信贷和非信贷方式，丰富拓展金融服务农村集体产权制度改革的内容。创新农村集体经济组织贷款、农村集体资产股权质押等信贷产品，全面满足农村集体经济组织的各类资金需求；积极与各级农业农村部门合作，参与农村产权股权登记流转交易平台建设，自主建设农村集体资产、资金、资源“三资”管理系统，为农村集体产权制度改革提供“融资+融技”服务；在集体经济组织服务带动作用强的地区，大力开展信用村信用户建设，将金融服务与乡村治理有机结合，助力营造农村良好信用环境。

围绕建立农业农村优先发展投入保障机制，做好涉农财政资金配套金融服务。全面推进乡村振兴，需要真金白银地投入。“十四五”期间，党中央着眼财政收入形势和农业农村资金需求，将强化农业农村优先发展投入保障机制，不断完善涉农资金统筹整合长效机制，发挥财政投入引领作用，进一步引导金融资本、社会力量参与。2021 年中央财政预算安排衔接资金 1561 亿元，专项支持巩固拓展脱贫攻坚成果与乡村振兴有效衔接重点项目；“十四五”期末总体实现土地出让收益用于农业农村比例达到 50% 以上，将极大提高对乡村振兴资金支持力度。

银行业金融机构应全力做好配套金融服务。针对脱贫攻坚与乡村振兴有效衔接、国家粮食安全、乡村建设行动等领域，服务好纳入国家重点项目库、获得财政资金支持的重大项目，加大对农业农村基础设施投融资的中长期信贷投放；加强与各级农业信贷担保机构、农业保险机构合作，创新金融产品和服务模式，合力缓解农户贷款难、抵押难问题；发挥金融集团综合经营优势，在各地参与设立乡村产业基金，多渠道加大对乡村振兴资金投入；紧跟涉农资金流向，做好乡村振兴领域专项债承销、土地出让收入资金管理等综合金融服务。

（作者时任中国农业银行乡村振兴金融部总经理。原文刊载于《中国城乡金融报》2021 年 4 月 16 日 A5 版）

多措并举提振美丽乡村精气神

■ 郭君平

前不久，中央农办、农业农村部公布了全国乡村治理典型案例，34个案例形式各样、特色鲜明，体现了推进乡村治理的新进展和新成效。这是继2019年首批发布20个全国乡村治理典型案例以后，中央农办、农业农村部发布的第二批案例。北京市顺义区“‘村规民约’推进协同治理”是首批20个全国乡村治理典型案例之一，也是首都第一个荣列其中的乡村治理典型案例。

作为可学可推广的民间契约，村规民约是村落内部成员之间达成的一种规范，关乎村民福祉，兼具乡村味、本土味、道德性、自治性、自生性和自律性等特征，是国家治理的重要组成部分。在乡村治理中，村规民约融合了“三治”（德治、法治、自治），可教化社会、补充法律、净化民风以及培育公共精神，具有维护秩序、传承文化、引导约束等功能，且不需承担正式制度那样大的制度外溢成本和纠错成本，因而受到社会各界广泛关注，是我国独有的社会自治文化。

20世纪90年代初，顺义区各村相继制定了村规民约，当时的重点是加强村民的民主意识和法治意识，对村务公开、村民自治作出了明确规定。到21世纪初，村规民约又进行了一次较大修订，乡风文明、环境建设等内容逐步加入。及至2014年，顺义区坚持首善标准，426个村庄全部按照“收集意见、讨论研究、形成初稿、政策指导、调整完善、审核把关”的流程规范修订了村规民约。相比之前，此次村规民约更具时代气息，节约、环保、志愿服务、公益活动等理念均被纳入其中。2015 年，顺义区开始全面实施村规民约机制，并探索出一条符合该区社会特点与发展规律的乡村“善治之道”。

凝聚合力，促进乡村多元主体协同治理。多元主体有参与权且责权利关系明晰是实现乡村社会协同治理的必要条件。顺义区从纵向、横向、动态三个层面保障各主体有充分参与乡村治理的权利，并明确界定其权责划分，从而形成各级政府、党政部门、农村自治组织与村民合理有序、良性互动、协同共治的基层社会治理格局。其中，纵向上，强调区、镇、村三级协同，突出村民的主体作用，强调“村两委”的主导作用，确保镇级政府的护航作用；横向上，通过 1 个党员和 1 个村民代表联系 15 户农户的“1 +1 +15”协作模式，建立网格化管理体系，提升农村基层组织的凝聚力和战斗力；动态上，建立“三上三下”民主程序，以充分调动、协调各主体运行的动态协同。

紧扣党建，与村规民约同频共振、互融互促。顺义区通过“党建 +村规民约”模式，促进党的群众路线教育实践活动、整顿基层党组织工作与修订完善村规民约紧密结合。一方面，以制定和完善村规民约为契机，加强基层服务型党组织建设；另一方面，以基层党建为抓手，将群众意见、整改措施，融入村规民约之中，使村规民约“规”得准、“约”得实、入到“户”、见到“行”。具体措施如下：一是实施“干部包村”制度。包村干部全程参与村规民约的制定、宣传及执行，通过驻点、现场或跟踪指导，确保党的方针政策能够紧跟形势需要，体现到村规民约中。二是探索党群“1 +1”工作模式。即通过 1 名党员、1 名村民代表负责对所联系村民进行政策宣传、矛盾排查及活动组织，并配合“村两委”干部做好村务协管工作。三是落实“一助一”工作机制。通过干部走访慰问和与村党支部沟通交流，及时体察群众所想、所盼、所需。

立足实情，以村规民约处理突出、复杂问题。在经济社会快速发展、城镇化加速过程中，很多由政府政策法规一时难以处理的复杂问题，若以村规民约去应对，反而可以更为灵活、更具创新性或接受度更高。顺义区在村规民约制定和执行中，立足村情民情，充分考虑宏观形势，主动与城镇化建设的要求相对接，在具体内容制定上具有针对性、倾向性，对城镇化进程中已经出现和可能遭遇大量关系群众利益、迫切但又具有细节性的现实问题作出预判和应对。例如，运用村规民约加强流动人口管理服务、化解集体土地收益与宅基地纠纷、维护村庄生态和卫生环境、弘扬传统美德与良好道德风尚等。

在村规民约的推动下，顺义区乡村治理在促进政府治理方式转变、夯实党的执政基础、密切党群干群关系、畅通村民诉求渠道、增强村民法治意识、提升村民文明素质等诸多方面均取得了实效，让新时代京郊乡村“规”出了好气象、“约”出了新风尚。

（作者系中国农业科学院农业经济与发展研究所副研究员。原文刊载于《中国城乡金融报》2021 年 1 月 6 日 B3 版）

顶层设计擘画振兴蓝图

■ 任常青

党的十九大提出实施乡村振兴战略以来，乡村振兴已成为当前和未来一个时期我国“三农”工作的主线。按照2018年中央一号文件的要求，乡村振兴的制度框架和政策体系已基本形成，支撑乡村振兴战略的“四梁八柱”已经确立。

框架体系基本确立

2018年中央一号文件是党的十九大后发布的首个一号文件，聚焦乡村振兴战略，明确了实施乡村振兴战略三个阶段的目标任务，即到2020年，乡村振兴取得重要进展，制度框架和政策体系基本形成。按照乡村振兴总要求，全面推进乡村振兴战略的实施。到2035年，乡村振兴取得决定性进展，农业农村现代化基本实现。到2050年，乡村全面振兴，农业强、农村美、农民富全面实现。

为了指导各地区各部门有序推进乡村振兴工作，2018年9月，中共中央、国务院印发《乡村振兴战略规划（2018—2022年）》，对实施乡村振兴战略作出阶段性谋划，制定了2020年全面建成小康社会和2022年召开党的二十大的目标任务，明确了目标思路、重点任务和实施路径，提出了一系列重大工程、重大计划和重大行动。

2019年中央一号文件围绕坚持农业农村优先发展总方针和实施乡村

振兴战略这一总抓手，对做好全国“三农”工作进行了总体安排和部署。2019 年 4 月，中共中央、国务院发布《关于建立健全城乡融合发展体制机制和政策体系的意见》，提出到 2022 年，城乡融合发展体制机制初步建立。到 2035 年，城乡融合发展体制机制更加完善。城镇化进入成熟期，农业农村现代化基本实现。到 21 世纪中叶，城乡融合发展体制机制成熟定型。城乡全面融合，乡村全面振兴，全体人民共同富裕基本实现。

2019 年 11 月，中共中央、国务院印发《关于保持土地承包关系稳定并长久不变的意见》，要求紧扣处理好农民和土地关系这一主线，坚持农户家庭承包经营，坚持承包关系长久稳定，赋予农民更加充分而有保障的土地权利。

乡村振兴，关键在人。2021 年 2 月，中共中央办公厅、国务院办公厅印发了《关于加快推进乡村人才振兴的意见》，明确了到 2025 年乡村人才振兴的目标任务，乡村人才振兴制度框架和政策体系基本形成，乡村振兴各领域人才规模不断壮大、素质稳步提升、结构持续优化，各类人才支持服务乡村格局基本形成，乡村人才初步满足实施乡村振兴战略基本需要。

过渡政策有效衔接

2020 年，我国现行标准下农村贫困人口全部实现脱贫、贫困县全部摘帽、区域性整体贫困得到解决。为进一步巩固拓展脱贫攻坚成果，接续推动脱贫地区发展和乡村全面振兴，2020 年底，中共中央、国务院出台了《关于实现巩固拓展脱贫攻坚成果同乡村振兴有效衔接的意见》，提出脱贫攻坚目标任务完成后，设立 5 年过渡期，过渡期内严格落实“四个不摘”要求。要从解决建档立卡贫困人口“两不愁三保障”为重点转向实现乡村振兴，从集中资源支持脱贫攻坚转向巩固拓展脱贫攻坚成果和全面推进乡村振兴。到 2025 年，脱贫攻坚成果巩固拓展，乡村振兴全面推进，脱贫地区经济活力和发展后劲明显增强，脱贫地区农民收入增速高于全国农民平均水平。到2035年，脱贫地区经济实力显著增强，乡村振兴取得重大进展，在促进全体人民共同富裕上取得更为明显的实质性进展。

2021年中央一号文件聚焦全面推进乡村振兴加快农业农村现代化。要求接续推进脱贫地区乡村振兴、打好种业翻身仗、加快推进村庄规划工作。全面促进农村消费、强化农业农村优先发展投入保障、推进农业绿色发展，加快县域内城乡融合发展。

乡村振兴法治保障

乡村振兴不仅要依靠有分量的政策和制度，更需要在完善的法治体系下得以实施。全国人大相继对《农村土地承包法》《土地管理法实施条例》《森林法》等进行了修改，以满足乡村振兴战略的需要。

今年4月29日，第十三届全国人民代表大会常务委员会第二十八次会议通过了《乡村振兴促进法》，把党中央关于乡村振兴的重大决策部署，包括乡村振兴的任务、目标、要求和原则等转化为法律规范。这是我国首部以“乡村振兴”命名的法律，标志着乡村振兴战略迈入有法可依、依法实施的新阶段。

乡村振兴是农村的全面振兴，是实现农业农村现代化的战略举措。在已经形成的制度框架和政策体系下，未来需要继续加大农村深化改革力度，改变不适应乡村全面振兴的政策和羁绊；妥善处理农民与土地的关系，探索农村集体经营性资产成为农民财产性收入来源的途径；完善城乡融合发展的体制机制和政策体系，尽快打破阻碍城乡融合的藩篱。

（作者系中国社会科学院农村发展研究所农业农村现代化研究中心主任。原文刊载于《中国城乡金融报》2021年10月29日B2版）

推动全面振兴　加速向农业强县跨越

■ 袁长奎

脱贫攻坚取得胜利后，全面推进乡村振兴，是我国“三农”工作重心的历史性转移。在向第二个百年奋斗目标迈进的历史关口，作为农业大县的山东省商河县深入学习贯彻习近平总书记关于实施乡村振兴战略重要讲话、重要指示批示精神，认真落实党中央、国务院决策部署和省市工作要求，立足县情，健全完善“1+1+5+N”乡村振兴政策规划体系，加快农业农村现代化，加速向农业强县跨越，推动乡村振兴战略在商河县向纵深推进。

商河县严格落实新形势下国家粮食安全战略，划定永久基本农田97.8万亩、粮食生产功能区75万亩，粮食常年种植面积在180万亩以上、年产量在15亿斤以上。围绕习近平总书记“要建设高标准农田，真正实现旱涝保收、高产稳产”指示精神，商河县扎实推进藏粮于地，2020年启动实施总投资额达18亿元的农田水利基本建设三年攻坚行动，新建31万亩高标准农田。今明两年，将把其余58万亩农田全部提升改造为高标准农田。扎实推进藏粮于技，建成全国首个国家农作物品种展示示范中心，连续五年实现小麦病虫害整县制统防统治，春耕生产引入农业大数据4.0技术。

全面推进乡村振兴，加快农业农村现代化，落脚点是促进农业高质高效、乡村宜居宜业、农民富裕富足。为了培育高效农业，商河县每年整合涉农资金6000万元支持高效农业发展，积极构建品质原粮、温泉花卉、精致果蔬、优质大蒜、绿色畜牧、道地药材，以及精深加工、农旅康养、农业服务“6+3”高效农业产业体系。

商河县在加快发展乡村产业的基础上，坚持系统观念，扎实推进乡村全面振兴。在乡村建设方面，高标准建成10个乡村振兴齐鲁样板村，推进农村人居环境整治。在城乡融合发展方面，全面放开城镇落户限制，建立落实农村集体经济组织成员转移备案制度，推行“一证保三权”，2020年3万名农村人口落户县城或镇驻地。

要充分激发乡村发展活力，离不开金融赋能。商河县在山东率先开展新型农业经营主体信用评价工作，加大金融扶持力度。2020年，全县金融机构投放涉农贷款74.6亿元，其中为新型农业经营主体发放贷款5.7亿元。深入推进财税金融改革，创新财政金融协同支农方式，全县金融机构开发推出了“强村贷”“大棚贷”“养殖贷”“花卉贷”“种植大户贷”等30多款金融产品，累计为650家新型农业经营主体办理抵押担保贷款3.88亿元。着力做好政策性农业保险工作，深入推进大蒜、蒜薹目标价格保险，试点开展新型农业经营主体玉米收入保险，粮食大灾保险连续4年全覆盖，有力保障农民持续增收。

商河县将做好巩固拓展脱贫攻坚成果同乡村振兴有效衔接，为打造乡村振兴齐鲁样板贡献商河力量。

（作者时任山东省商河县县委副书记、县长。原文刊载于《中国城乡金融报》2021年5月19日A1版）

全面打造新农村　建设“美丽蒙山”

■ 张银岳

民族要复兴，乡村必振兴。近年来，蒙山县认真贯彻落实习近平总书记关于实施乡村振兴战略的重要讲话、重要指示批示精神，按照“生态立县、特色兴县”发展思路，把“产业兴旺、生态宜居、乡风文明、治理有效、生活富裕”二十字总要求具化为行动，以“美丽蒙山”乡村建设为抓手整合力量，深入实施乡村振兴战略。

习近平总书记强调，要举全党全社会之力推动乡村振兴，促进农业高质高效、乡村宜居宜业、农民富裕富足。围绕总书记要求，蒙山县全面实施乡村振兴战略，加快推进农业农村现代化。乡村产业发展方面，做优做强桑蚕、名优果蔬、食用菌、蜂蜜等特色优势产业。建成各级示范区（园、点）113 个，发展培育新型农业经营主体 362 家。积极推动农业与旅游、教育、文化、康养等产业深度融合。乡村建设方面，打造 24 个各具特色的乡村振兴示范点。建立市场化垃圾清运模式，实现行政村、屯（组）保洁覆盖面和无害化处理率均达 100%。完成造林绿化 7. 21 万亩，森林覆盖率达 82. 37%，空气质量优良率达 99. 2%。精神文明建设方面，探索归纳了“4334”工作法与“文明实践 +”相结合的样板模式，建成新时代文明实践中心 219 个，县级以上文明村镇达 75 个。乡村治理方面，建立健全矛盾纠纷调解机制，矛盾纠纷调解成功率达 99%，积极探索“科技 +”“互联网 +”社会治理创新模式。新圩镇坝头村荣获“全国乡村治理示范村”称号，其“一站两网”模式入选第二批全国乡村治理典型案例。深化农村改革方面，创新城乡融合发展体制机制，建立健全统一开放、竞争有序、城乡一体的劳动力市场，形成城乡统一社会保障制度，基本完成农村土地确权、农村集体产权制度改革工作。

实施乡村振兴战略，需要解决资金问题，金融机构发挥着重要支撑作用。近年来，蒙山县金融机构加大信贷投放力度，扶持农业农村发展，相继推出了多款金融支农产品。截至2020年末，全县金融机构涉农贷款余额达39.29亿元，同比增长8.88%。

蒙山县将以产业兴旺为重点、以生态宜居为支撑、以乡风文明为保障、以治理有效为基础、以生活富裕为目标、以深化改革为契机、以党建引领为根本，全面打造新农村，奋力谱写新时代“三农”工作新篇章。

（作者系广西壮族自治区蒙山县委书记。原文刊载于《中国城乡金融报》2021年8月16日A1版）

打造产业新名片　促进农业农村现代化

■ 魏　鹏

农业农村高质量发展是乡村振兴的基础，也是破解“三农”问题的首要任务。新民市深入学习贯彻习近平总书记关于实施乡村振兴战略重要讲话、重要指示批示精神，按照党中央决策部署，因地制宜谋划项目，发展特色乡村产业，增强产业带动能力，拓宽农民增收渠道，促进农业高质高效、乡村宜居宜业、农民富裕富足。

围绕中央“牢牢把住粮食安全主动权”的要求，新民市持续加强重要农副产品供给基地建设。2020 年，粮食作物播种面积达 243.2 万亩，粮食总产量达 23.28 亿斤。

根据各乡镇区域和产业划分，着力打造农业特色功能区。在辽河以东重点发展水稻、蔬菜、鲜玉米、淡水鱼养殖等产业，辽河以西重点发展西瓜、香瓜、花生、板栗、寒富苹果、牛羊养殖、蛋鸡养殖等产业。目前，已建成 3 个农产品批发市场、3 个沈阳市级农业产业经济区，发展“一乡一业”乡镇 10 个、“一村一品”村 110 个。

抓住农产品品牌建设这个“牛鼻子”，新民市始终坚持品牌强农、特色兴农。在抓好国家地理标志保护产品申报保护利用的同时，将一批优质、绿色、有机的农产品打造成新民“土字号”“乡字号”特色产品。目前，全市已有国家级地理标志证明商标 5 个、国家地理标志保护产品 4 个；绿色农产品等认证达 243 个，认证覆盖率达 77.2%，绿色兴农、质量兴农已成为新民市现代农业发展的主旋律。

新民市着重加强新型农业经营主体培育，在此过程中金融赋能发挥了促进作用。新民市积极打造“银行+特色产业+农户”全产业链金融服务，以及“银政担”“银保担”等模式，有效缓解新型农业经营主体“贷款难、贷款贵”问题，带动产业链上农户提产增收。2020年，全市金融机构投放涉农贷款39.4亿元，其中为新型农业经营主体发放贷款5.8亿元。与辽宁成大、太平洋财险合作，开展大连商品交易所辽宁省首单县域玉米“保险+期货”项目，2020年投保玉米102万亩，保障新型农业经营主体收益。

新征程上，新民市将全力打造县域特色乡村产业“新名片”，实现农业增效、农村繁荣、农民增收，进一步加快农业农村现代化步伐。

（作者时任辽宁省新民市市委副书记、代市长。原文刊载于《中国城乡金融报》2021年11月1日A1版）

推动生态宜居 促进产业兴旺

■ 张宇峰

近年来，江西省武宁县深入学习贯彻习近平总书记关于实施乡村振兴战略重要讲话、重要指示批示精神，以加快农业农村现代化为抓手，聚焦中心任务，坚持重点重抓，努力走出一条具有地方特色的乡村振兴新路子。

武宁县紧紧扭住“产业兴旺”这个“牛鼻子”，以产业发展促进农业提效、农村变美、农民致富。以“两茶两水三花”、林下经济和休闲农业等特色产业为发展重点，围绕“一圈三带”，形成“东到东山看水、南到长水悦山、西到北湾赏花、北到双新品茶”的产业格局。严格落实新形势下国家粮食安全战略，建成高标准农田 6.88 万亩，年均粮食作物播种面积达 43.7 万亩以上，年均总产量达 15.8 万吨。创建省级现代农业示范园 3 个、市级现代农业示范园 8 个。打造“国字号”休闲农业品牌 4 个、“三品一标”产品认证 65 个。

武宁县深入开展乡村振兴“大竞赛”活动，坚持建管用并举，推动人居环境再优化、再升级。全面提升乡村风貌，累计完成 1704 个新村点建设，以“幕阜风情”“九岭风光”两条风景示范线为核心，高标准打造 4 个美丽宜居示范乡镇、40 个美丽示范村庄、30 个景观节点和 4000 户美丽示范庭院，通过串点连线成面，打造美丽宜居乡村“珍珠项链”。做深做实生态长效管护，率先探索形成保洁员、护林员、养路员、河流巡查员、农村规划巡查员等“多员合一”生态长效管护机制，组建 800 人的“生态管护员”队伍，该创新实践被列入国家生态文明试验区（江西）成果汇编。在江西省率先搭建跨区域、跨层级、跨部门的“万村码上通”5G+长效管护平台，给生态长效管护插上科技“翅膀”。

为将生态宜居优势转化为百姓手中财富，武宁县启动“生态产品储蓄银行”试点，吸储闲置优质生态资源，打通农村生态产品价值实现市场途径。与有关银行保险机构达成合作意向，银政合作推出与生态产品价值核算相挂钩的“生态贷”系列产品。

新时代新征程上，武宁县将按照“产业兴旺、生态宜居、乡风文明、治理有效、生活富裕”总要求，在推动农业农村现代化上走在前列、作出示范，奋力谱写武宁乡村振兴新篇章。

（作者系江西省武宁县委副书记、县长。原文刊载于《中国城乡金融报》2021年12月22日A1版）

第二章

政策精解

编者按：2021年是全面推进乡村振兴的开局之年。一年中，围绕乡村振兴战略的推进实施，国家有关部门制定出台多项政策、制度，为乡村振兴保驾护航、加油助力。这些政策、制度有哪些核心要点，对金融服务乡村振兴提出怎样的要求，创造怎样的条件，带来怎样的利好？我们邀请专业人士进行了深入分析。

释放农地改革红利助推乡村振兴

■ 赵云鹏

农村土地制度改革是我国“三农”领域改革的重要内容。近年来，在国家政策的引导下，农地改革快速推进，不少地方的探索已经走在前面。

截至2020年底，广东省农村承包地流转面积1776.12万亩，占全省农村承包地面积的50.45%，流转比例过半，为当地发展农业适度规模经营奠定了坚实基础。可以说，广东省乡村振兴的高水平推进，蕴藏着很强的农村土地制度改革“基因”，值得借鉴。

广东农地制度改革“基因”突出体现在探索出的改革组合拳。注重奖励引导，广东全省已有39个县（市、区）出台了土地流转奖补政策，建立健全激励机制，加强了对土地流转投入支持。注重主体培育，家庭农场、农民专业合作社等各类新型农业经营主体竞相发展。注重服务配套，探索建立了县级土地流转服务平台、农村集体资源网上拍卖平台等配套。注重风险预防，做好土地流转风险防范，坚守底线红线，不损害农民群众合法权益，不改变耕地农业用途性质。

从广东向全国看，土地流转也呈加快之势。全国基本完成了农村承包地确权登记颁证，确权到农户约15亿亩承包地，流转面积超过5.55亿亩，占比超过三成。全面实施乡村振兴，农村土地制度改革是重要突破口。为此，农业农村部日前发布了修订后的《农村土地经营权流转管理办法》，自今年3月1日起施行，这必将为激活农村沉睡的土地资源注入更为强劲动能，助推乡村振兴更好发展。

农村金融机构要抓住农地改革带来的发展空间和重大机遇，将金融支持农地改革作为乡村振兴金融服务的重要内容，不断在范围上拓展，在创新上加强，积极探索更多有效的农地金融服务产品和模式，展现更大金融作为。

黑龙江垦区建三江七星农场应用智能育种、精量点播、无人驾驶、农情监测等先进技术，推动现代技术与现代农业深度融合（蓝怀忠　袁斌摄影）

加强农地金融产品应用和推广。《农村土地经营权流转管理办法》从制度层面就平等保护经营主体依流转合同取得的土地经营权作出了规范，并要求各级政府开展土地经营权流转政策咨询、信息发布、合同签订、交易鉴证、权益评估、融资担保等服务，这都会增强相关主体长期投资、利用农村土地发展规模农业的信心。农村金融机构要用好现有的农村土地承包经营权抵押贷款等农地金融产品，在试点地区加大推广力度，让更多的新型农业经营主体受益，提升农村金融的可得性，为农村注入更多金融活水。

还有一个趋势值得关注，那就是工商企业等社会资本通过流转取得土地经营权将会有更大发展。农村金融机构可以探索和下乡的工商资本合作，配套开展工商资本下乡所需的金融服务，并依托工商资本普遍具有较强实力的特点，通过单一担保、组合担保等不同方式，为规模经营上下游经营主体提供全链条金融支持。

此外，农村金融机构还要做好农地金融的风险管控，加强与各地农村土地经营权流转市场、农村产权交易市场等配套服务机构合作，推动乡村振兴中的农地金融稳健发展。

（原文刊载于《中国城乡金融报》2021 年 2 月 24 日 B4 版）

用好中央财政资金　衔接推进乡村振兴

■ 周自恒

近日，财政部等六部门联合印发《中央财政衔接推进乡村振兴补助资金管理办法》（以下简称《管理办法》），将原“中央财政专项扶贫资金”调整优化为“中央财政衔接推进乡村振兴补助资金”（以下简称衔接资金）。2021 年，中央财政预算安排衔接资金 1561 亿元，比上年增加 100 亿元，以更好落实“四个不摘”要求，支持巩固拓展脱贫攻坚成果同乡村振兴有效衔接。

长期以来，我国扶贫政策主要通过财政支出的规模、结构和方向来具体落实，为贫困发生率下降作出财政支出政策贡献。从 1980 年设立“支援经济不发达地区发展资金”开始，中央财政扶贫开发工作不断深入。“十二五”期间，中央累计安排专项扶贫资金 1898 亿元。“十三五”期间，累计安排专项扶贫资金 5305 亿元。2020 年又一次性安排 300 亿元“脱贫攻坚补短板综合财力补助资金”。

从减贫效果来看，中央财政专项扶贫资金无论在总量投入还是人均投入上，都显著降低了贫困人口的规模和贫困发生率，为我国脱贫攻坚战取得全面胜利提供了有力支撑。

相比 2017 年版《中央财政专项扶贫资金管理办法》，本次《管理办法》在延续脱贫攻坚期内压实责任、绩效管理、公开公示、项目库管理等有效做法的同时，顺应形势变化，在资金用途、资金分配、资金使用、资金监管上进行了调整优化。

《管理办法》要求资金使用统筹兼顾脱贫县和非贫困县实际情况，明确县级可统筹安排不超过30%的到县资金支持非贫困村产业、补齐必要的基础设施短板和县级乡村振兴规划相关项目。在资金监管上，针对过去由于项目不足和对资金使用监督、考核、审计不够等造成的扶贫资金使用效率下降，甚至一些基层地区出现的资金“趴窝”等问题，《管理办法》要求提前做好项目储备，加强项目管理，加快预算执行，落实绩效管理要求，全面推行公开公示制度，切实把衔接资金用活用好，用在关键，用出效益。

进一步探索金融与财政协同推进乡村振兴的新模式。金融机构要建立健全与乡村振兴相适应的服务体制机制，积极参与和助力发挥好衔接资金的引导作用，创新金融产品和服务方式，有效增加对衔接资金支持重点领域的资金投入，进一步提高中长期贷款比重。在体制机制上，加快建立农村金融服务的“四单”机制，即单列信贷资源、单设分支机构、单独绩效考核、单项研发金融产品，为推进乡村振兴、建设宜居宜业美丽乡村作出更大贡献。

（原文刊载于《中国城乡金融报》2021年4月7日B1版）

促进乡村教育向优质均衡迈进

■ 张静宜

治贫先治愚，扶贫先扶智，教育扶贫提升脱贫能力，在打赢脱贫攻坚战中发挥了关键作用。乡村要振兴，教育当先行，乡村教育也为乡村产业振兴、人才振兴和文化振兴提供支撑，在实施乡村振兴战略中具有不可替代的基础性作用。

近日，教育部等四部门印发《关于实现巩固拓展教育脱贫攻坚成果同乡村振兴有效衔接的意见》，对进一步巩固拓展教育脱贫攻坚成果，有效衔接乡村振兴战略，接续推动脱贫地区发展和乡村全面振兴作出了要求、明确了重点。

教育是阻断贫困代际传递、实现脱贫致富的根本之策。脱贫攻坚关注的是农村基层最困难的群体，这些困难群体和家庭最关心的是孩子教育，而从根本上摆脱贫困最大的希望也在于教育。过去八年，教育脱贫攻坚把教育的优势和贫困群众的期待相结合，与贫困地区发展实际相结合，完成义务教育控辍保学的艰巨任务，实现建档立卡贫困家庭辍学学生动态清零，建立起中国特色教育脱贫攻坚制度体系，积累了宝贵的工作经验和制度成果。贫困地区教育面貌发生根本变化，取得了伟大的历史性成就，办成了解民忧、顺民意、得民心的大事好事。教育部数据显示，2012 年以来，累计有 514.05 万名建档立卡贫困学生接受高等教育，数以百万计的贫困家庭有了第一代大学生，贫困县九年义务教育巩固率达到 94.8%，接近全国平均水平。同时，教育脱贫攻坚还锻炼了干部人才、培养了后备力量，一大批干部、教师、学生到贫困地区扶真贫、真扶贫，经受了教育和锻炼，拉近了与贫困群众的感情，得到迅速成长。

全面打赢脱贫攻坚战后，要在巩固拓展教育脱贫攻坚成果的基础上全面推进乡村振兴战略。巩固教育脱贫攻坚成果要更加重视教育公平，突出质量导向，促进乡村教育向优质均衡迈进。持续巩固控辍保学成果，推动控辍保学动态清零向常态清零转变，确保“应入尽入”，避免因返贫出现新的失学问题。保持政策稳定，深入推进东中西部教育协作，围绕短板和难点问题，找准主要突破口，围绕乡村教育振兴的重点和主攻目标，持续加大对脱贫地区的教育保障水平，提高办学水平和培训能力，让农村学生和学员进得来、稳得住、学得好。

乡村教育的核心目标是培养人才、提升文明素质，为乡村振兴提供基础支撑。近年来，党和国家坚持把包括公共教育在内的基础设施建设重点放在农村，优先发展农村义务教育事业，发挥乡村教育在启发智慧、传播知识、推广技术、塑造乡风上的作用，推动乡村振兴迈出实质性步伐。打赢脱贫攻坚战和实施乡村振兴战略离不开外来人才和外部资源的支持，但脱贫后的发展振兴不能仅靠外部单向输入，而要通过乡村教育带动内涵式发展，强化乡村振兴的内生动力，培养乡村人才“主力军”。因此，必须把办好乡村教育、培养乡村人才作为更紧迫的任务摆在更突出的位置。乡村教育要立足于培养乡村紧缺人才，特别是产业人才、科技人才和专业人才，加快推进乡村学前教育、基础教育、职业教育、教师队伍、教育机制等五项改革，把改革举措体现到学科体系、教学体系、教材体系、管理体系建设各方面，服务、支撑和引领乡村振兴战略，高质量培养乡村人才，为乡村全面振兴提供强有力的人才支撑。

教育扶贫是长效的扶贫，因为它赋予人们长期的发展机会和发展能力。防止返贫，需要乡村教育持续发力；乡村振兴，呼唤乡村教育的有力带动。办好乡村教育推动乡村全面振兴，不能仅算“经济账”，还要算“政治账”，更要算“长远账”，根本在于发挥教育脱贫攻坚的长效作用，强化教育经费保障，优化教育投入结构，提升教育投入效率，建立长效机制，将高质量的教育资源配置到乡村，将乡村教育工作落细落实。让乡村学生接受公平有质量的教育，为他们创造教育改变命运、实现发展的契机，过上有价值、有尊严的生活。办好农村教育，乡村全面振兴大有希望。

（作者单位：农业农村部农村经济研究中心。原文刊载于《中国城乡金融报》2021 年 6 月 2 日 B3 版）

强链补链 夯实乡村产业振兴基础

■ 张哲晰

优化和稳定产业链、供应链，关键时刻不“掉链子”，是大国经济应有的重要特征。对于农业产业而言，只有产业链上各个环节不“掉链子”，才能真正稳住农业这个“压舱石”。在“十四五”开局之年和“两个一百年”奋斗目标的历史交汇期，农业农村部发布《关于加快农业全产业链培育发展的指导意见》（以下简称《意见》），要求加快培育发展农业全产业链，明确时间表、绘好路线图，围绕强链补链，从补齐短板、锻造长板、完善支撑等方面作出系统性安排，夯实乡村产业振兴发展基础。

我国农业产业迈入快速发展新阶段，农村一二三产业加速融合，农村新产业、新业态、新模式快速成长，但农业产业链、供应链短板仍比较突出。我国农业基础设施不配套、专业人才供给不足、农业产业高端环节少，导致农业产业大而不强，产业链发展滞后。加快推进农业现代化，必须补足农业发展短板弱项，进一步延长农业产业链、畅通供应链、提升价值链，实现农业发展提质增效。

补齐短板，推动产业发展扩面提质。一是建强基础设施补短板。《意见》指出，建设标准化原料和生产基地，加快构建现代农业全产业链标准体系及相关标准综合体，提升按标生产水平。通过完善配套设施，为进一步发展农业产业创造条件。二是加速人才引育补短板。《意见》指出，引进培育核心关键人才，建立“产学研用”创新机制。通过打通人才下乡通道，把智力、技术等要素引入农村。三是拓展经营领域补短板。

《意见》指出，做精乡村休闲旅游，培育发展创意农业、休闲农业、教育农园、康养农业、体验农业。聚合上中下游完整环节，挖掘农业多功能性，推动农业从卖原料向卖加工品、卖品牌产品、卖服务转变。

锻造长板，促进产业发展高质高效。一是发挥比较优势锻长板。《意见》指出，聚焦规模化主导产业，促进产业形态更高级、优势更明显、特色更突出。通过重点壮大粮食及重要农产品全产业链，巩固提升农产品供给保障能力和竞争力。二是健全社会服务锻长板。《意见》指出，推进社会化全程服务，支持市场主体建设区域性农业全产业链综合服务中心，开展社会化服务规范化创新试点。立足我国产业规模优势，用好农业生产专业化社会化服务，加速农业现代化发展。三是推进数字农业锻长板。《意见》指出，促进数字化转型升级，开展品牌化市场营销。通过转变农业发展方式，紧密围绕市场需求变化，推动资源优化配置、增加农民收入。

完善支撑，消除产业发展后顾之忧。一是加大资金支持。《意见》指出，畅通资金链，建立农业全产业链项目库，鼓励开发农业全产业链保险品种，支持开展供应链金融。通过项目倾斜安排、加大政策扶持力度和增加信贷投入等，破解资金供给短缺难题。二是强化科技支撑。《意见》指出，推动产业链创新链紧密融合，打造共性技术研发平台和创新联合体。增加农业产业链科技含量，推动形成高品质、高附加值的农产品供应和服务体系。三是妥善解决用地问题。《意见》指出，通过产业科学规划安排一批、园区整合供应一批、增减挂钩支持一批、存量用地挖潜一批、设施农用地保障一批，解决好农业全产业链用地问题。切实提高政治站位，在严格耕地保护的前提下，强化重点项目用地保障。

（作者单位：农业农村部农村经济研究中心。原文刊载于《中国城乡金融报》2021 年 6 月 9 日 B3 版）

全面推进乡村振兴的金融机遇与对策

■ 杨 芳

2021年6月30日，人民银行等六部门联合出台《关于金融支持巩固拓展脱贫攻坚成果 全面推进乡村振兴的意见》（以下简称《意见》），为各类金融主体支持脱贫攻坚成果巩固、乡村全面振兴指明了方向。

当前，我国已实现第一个百年奋斗目标，全面建成了小康社会，历史性地解决了绝对贫困问题，乡村全面振兴迎来了新的发展契机。作为乡村振兴金融资本的重要供给主体，商业银行尤其是大型商业银行应创新金融产品和服务，健全金融组织体系，完善基础金融服务，引导更多资源投入“三农”领域，助力农业高质高效、乡村宜居宜业、农民富裕富足，为加快构建以国内大循环为主体、国内国际双循环相互促进的新发展格局提供金融支撑。

从区域维度看，要因地施策。对于已脱贫地区，应确保过渡期内金融扶持政策总体稳定，加大对脱贫人口等特殊群体的信贷投放，加大对特色产业的金融支持，加大对易地搬迁安置区后续发展的金融帮扶。对于乡村振兴重点帮扶县，应逐步实现金融资源的定向倾斜，吸收金融精准扶贫经验，加大金融创新力度，提高信贷资源配比。通过两类重点区域的金融服务创新，打造商业银行金融服务乡村振兴示范区，培育可复制、可推广的乡村振兴金融服务模式。

从产业维度看，要突出重点。重点对接重要农产品的融资需求，树立粮食安全观，对高标准农田建设、农机装备、粮食流通收储等全产业链实施差异化金融支持政策，做好生猪、棉、油等重要农产品稳产保供的金融服务。重点对接重点种业企业的育种基础性研究和重点育种项目，给予中长期信贷支持，构建全方位金融服务体系。重点对接现代乡村产业体系，创新支持休闲农业、乡村旅游、农村康养等新产业新业态，加快完善农村电商的融资、结算等金融服务。

从产品维度看，要特色多样。围绕乡村特色产业、农产品加工业、农产品流通体系、智慧农业建设等领域的多样化金融需求，强化优质关键企业在供应链金融产品中的核心作用，加速供应链产品创新。以农村集体产权制度深化改革为契机，积极推广农村承包土地经营权抵押，开展保单、农机具和大棚设施、活体畜禽等抵押质押，启动农民住房财产权（宅基地使用权）抵押贷款，探索农村集体经营性资产股份质押贷款、农垦国有农用地使用权抵押贷款、农村集体经营性建设用地使用权抵押贷款、林权抵押贷款等业务。

农行河北邢台广宗支行大力支持家庭农场、种养大户、农业企业等新型农业经营主体发展，带动百姓增收（柳青摄影）

从主体维度看，要大小兼顾。重点发展农户小额信用贷款政策，对脱贫户、边缘易致贫户继续发放小额信贷，同时将产业扶贫贷款调整为产业带动贷款，自主确定贷款额度、利率、期限等，促进小农户与现代农业发展的有机衔接。重点开展新型农业经营主体贷款，针对家庭农场、农民合作社、农业产业化龙头企业等新型农业经营主体特点，研发专属贷款产品，增加首贷、信用贷。重点扩大农业农村基础设施建设贷款投放，对于农村基础设施建设项目、农田基本建设项目，特别是国家乡村振兴重点帮扶县的项目，在风险可控的前提下，适当延长贷款期限，并在授信审批等方面给予优惠。

从服务范畴看，要守正出新。针对农业农村绿色发展的资金需求，除绿色信贷外，围绕秸秆综合利用、农业面源污染综合治理、农村水系综合整治、国土绿化等领域，积极发行绿色金融债券，创新投融资方式。针对乡村建设中的信贷需求，围绕农村道路交通、水利、供电、供气、通信、人居环境整治等基础设施建设，进一步加大中长期信贷支持力度。此外，应强化金融科技赋能，发展农村数字普惠金融，通过整合涉农主体信用信息、线上服务平台或移动应用开发，推进全流程数字化移动展业，支持涉农主体通过线上渠道自主获取金融服务，破解偏远地区物理网点布局难题。

金融支持全面推进乡村振兴是一项长期性、持久性工作。商业银行应围绕以上重点支持领域，搭建支持巩固拓展脱贫攻坚成果同乡村振兴有效衔接的“四梁八柱”，完善内部制度框架和保障性政策体系。建立内设专业机构，健全服务组织体系。在整合原有涉农金融服务和金融脱贫政策基础上，通过调整内部组织架构，设立专门的乡村振兴金融部门或在相关部门下单列乡村振兴金融服务条线，作为支持乡村振兴金融政策研究、产品研发、服务延伸的重要阵地。

加大资源投入力度，提升金融服务能力。建造一批特色支行或网点，下沉金融服务重心、延伸服务半径；塑造一批专业人才干部队伍，打通乡村振兴金融服务“最后一公里”；打造一批科技赋能的乡村振兴金融产品，提高乡村振兴金融服务质效。

推动多维主体联动，完善风险分担机制。加强银政合作、银担合作，充分利用政策资金的引导和撬动作用，深化与国家融资担保基金、全国农业信贷担保机构的全面合作，明确风险分担比例和条件，创新乡村振兴担保信贷业务模式，进一步扩大支持乡村振兴的担保业务规模，切实防范系统性金融风险。

同步绩效评价办法，落实考核评估机制。根据《意见》的相关要求，建立健全综合考核评估制度，构建包含定量和定性两个维度的指标体系，开展乡村振兴服务绩效考评，并根据评估结果适时适度调整支持策略，发挥考评机制在乡村振兴金融服务中的激励约束作用。

（原文刊载于《中国城乡金融报》2021 年 7 月 9 日 A7 版）

为打造共同富裕乡村样板提供金融支撑

■康　枫

日前，浙江省共同富裕百村联盟宣布成立，东阳市花园村等106个"明星村"强强联手，将共谋发展思路、共结富裕硕果、共创乡村伟业、共建未来乡村、共育文明乡风，推进先富带后富、区域共同富。

不久前，《中共中央　国务院关于支持浙江高质量发展建设共同富裕示范区的意见》（以下简称《意见》）发布。《意见》赋予浙江高质量发展建设共同富裕示范区的光荣使命。浙江省共同富裕百村联盟的成立是浙江省在"三农"领域探索共同富裕的创新实践，有利于推动村级组织资源共享、产业共兴、品牌共塑，有利于为浙江省建设高质量发展高品质生活先行区、城乡区域协调发展引领区、收入分配制度改革试验区、文明和谐美丽家园展示区进而全面建设共同富裕示范区提供探索路径。

实现共同富裕是社会主义的本质要求。商业银行是推动经济高质量发展的金融主力军，可以发挥金融、科技、资源综合优势，为农民积极参与农业发展和农村建设提供平台渠道和金融服务，助力建设共同富裕的乡村样板。

搭建农村集体产权交易平台，推进农村集体产权制度改革。推进农村集体产权制度改革是带领亿万农民走上共同富裕道路的重要政策保障。商业银行可结合农村集体产权确权、交易、流转、融资等方面需求，助力搭建农村集体产权交易平台，为农村集体产权管理部门提供全流程监管以及智力支持；为参与集体产权交易的市场主体提供线上交易、资金托管、在线融资等服务；为农村上线“三资”管理平台，促进村务财务的公开透明，确保农民在集体产权收益的公平分配、共同受益。

创新县域金融产品和服务，促进农村集体经济发展。发展农村集体经济是推动乡村振兴、实现共同富裕的关键举措。中央有关全面推进乡村振兴以及支持浙江省建设共同富裕示范区相关政策，都明确要求发展壮大和巩固提升农村集体经济。商业银行应结合农村集体经济组织的资源性资产、经营性资产和非经营性资产等资产属性差异、权益归属以及各地区经营管理情况，在拓展抵押质押标的范围和做好风险管控的基础上，鼓励基层经营行因地制宜自主创新，差异化、针对性满足农村集体经济融资需求，同时为农民提供集体经济存款理财、消费信贷等金融服务，提高农民的金融获得感。

加强数字乡村建设，提高农村基层治理现代化。围绕政务服务、党建村务、基层治理、农村经济等数字乡村建设重点，商业银行可提供智慧政务服务，发挥渠道、网络优势，在政务平台嵌入金融服务，在网点和掌银开通政务服务，促进政务服务的一网通办、跨省通办、掌上办和就近办。提供智慧乡村服务，方便本地和在外村民参与基层治理。搭建连通城乡的电子商务平台，为农产品销售提供平台。联合发达地区教育、医疗等机构，搭建智慧教育、智慧医疗平台，为农民线上学习、远程问诊提供便利，促进城乡教育、医疗服务均等化。

（原文刊载于《中国城乡金融报》2021 年 7 月 7 日 B4 版）

保护种质资源 做强农业“芯片”

■ 张灿强

近日，中央全面深化改革委员会第二十次会议审议通过了《种业振兴行动方案》，把种源安全提升到关系国家安全的战略高度。国家发展改革委、农业农村部联合印发《“十四五”现代种业提升工程建设规划》，对“十四五”我国种业基础设施建设布局的总体思路、框架体系、重点项目、保障措施等作出了全面部署安排，主要涵盖农作物种业、畜禽种业、水产种业能力提升三个方面，为加快推进种业振兴，实现种业科技自立自强、种源自主可控提供了支撑。

国以农为本，农以种为先。种业对于保障国家粮食安全具有极端重要性。中国地形、地貌和气候条件的多样性造就了农业生物多样性，我国拥有大量野生动植物资源，劳动人民在此基础上，通过长期驯化，培育了独具地方特色的作物、畜禽、水产等品种。中国“杂交水稻之父”袁隆平就是利用野生稻与普通栽培稻多次杂交，培育出高产杂交稻新品种。这些宝贵的种质资源是保障国家粮食安全、基因安全和重要农产品供给的战略性资源。但是，城镇建设和工业发展的用地挤占，野生动植物栖息地遭到破坏，加之追求高产的单一化和商品化种植与养殖，使农业种质资源种类与数量显著减少，特别是交通便利地区作物野生近缘植物消失速度加快。比如，山东垦利区黄河入海口附近原有近百公顷野生大豆，由于石油开发导致基本灭绝。濒危和濒临灭绝品种约占地方畜禽品种总数的18%，超过一半的地方品种数量呈下降趋势。水域环境污染加剧了近海和流域野生水生生物资源数量下降趋势。

党的十八大以来，国家对农业种质资源的保护力度逐步加大。2015年启动了第三次全国农作物种质资源普查与收集行动，截至2018年底，取得阶段性成效，新收集资源4.2万份，长期保留种质资源数量突破50万份。2017年，编制出台了《全国畜禽遗传资源保护和利用“十三五”规划》，提出了主要畜种保护重点与利用方向。2020年1月，农业农村部发布《长江十年禁渔计划》，启动长江十年禁渔行动，让长江休养生息，给长江鱼类资源保护恢复留下足够的时间和空间。

今年的中央一号文件明确提出，打好种业翻身仗，加强农业种质资源保护开发利用，加快第三次农作物种质资源、畜禽种质资源调查收集，加强国家作物、畜禽和海洋渔业生物种质资源库建设。“十四五”规划提出，加强种质资源保护利用和种子库建设，确保种源安全。建设国家农作物种质资源长期库、种质资源中期库圃，提升海南、甘肃、四川等国家级育制种基地水平，建设黑龙江大豆等区域性育制种基地。新建、改扩建国家畜禽和水产品种质资源库、保种场（区）、基因库，推进国家级畜禽核心育种场建设。

加强农业种质资源保护与利用，一要研究出台《农业种质资源保护法》，强化种质资源保护的法律支撑；二要加强传统品种的收集和改良，例如，列入中国重要农业文化遗产的内蒙古敖汉旱作农业系统，当地有关管理部门从农户家中收集传统杂粮品种200多个，进行试验种植，对谷种开展提纯复壮，有效保护了一些濒临灭绝的谷物品种；三要加大优势传统品种的产业开发力度，针对一些传统品种商品率低的特点，切实转变到以质取胜的发展轨道上来，逐渐向绿色有机等中高端产品发力，同时加强功能性食品研发，延伸产品的价值链；四要培育传统品种的品牌优势，挖掘文化内涵，让这些产品成为有“文化”的农产品。

（作者单位：农业农村部农村经济研究中心。原文刊载于《中国城乡金融报》2021 年 8 月 18 日 B3 版）

多方发力 培育壮大龙头企业

■丁 剑

农业农村部近日印发《关于促进农业产业化龙头企业做大做强的意见》（以下简称《意见》），《意见》支持农业产业化国家重点龙头企业（以下简称龙头企业）创新发展、做大做强。对龙头企业发展方向、创新联农带农机制、龙头企业发展梯队构建进行了全面部署和系统安排。

龙头企业由农业农村部、国家发展改革委等8个部门共同评估认定，实行动态管理，有出有进、竞争淘汰，通过动态监测管理，每两年进行一次监测评估认定。经认定公布的龙头企业，可享受有关优惠政策。

我国高度重视龙头企业发展，早在2012年国务院就出台了《关于支持农业产业化龙头企业发展的意见》，明确支持符合条件的龙头企业上市融资、发行债券、在境外发行股票并上市，增强企业发展实力。今年中央一号文件明确提出“支持农业产业化龙头企业创新发展、做大做强”。

今年是我国“十四五”开局之年，农业农村进入加快构建现代乡村产业体系、加快推进农业农村现代化、全面实施乡村振兴战略的新阶段。龙头企业是引领乡村全面振兴和农业农村现代化的生力军，是带动乡村产业高质量发展的重要主体。

新形势下，为了更好发挥龙头企业的引领带动作用，农业农村部在深入研究、广泛征求意见的基础上，制定出台了《意见》，要求通过一系列措施，促进龙头企业高质量发展，让龙头企业成为增强乡村产业发展活力的引领者、创新乡村产业发展模式的先行者，为全面推进乡村产业振兴、加快农业农村现代化提供有力支撑。

引领乡村产业高质量发展，相关部门需要进一步激发龙头企业创新活力和发展动力，充分发挥好示范带动作用。首先，引导龙头企业集聚更多的资金、技术、人才、信息等要素，优化要素配置，带领各类农业经营主体共同开发乡村特色资源，打造乡村产业发展新高地；其次，引导龙头企业担当农业全产业链的“链主”，促进跨区域产业链融合，开拓乡村产业发展新空间；最后，引导龙头企业利用技术先进、实力雄厚等优势，加强研发投入和成果转化，促进乡村产业转型升级。

尽管当前我国龙头企业发展势头良好，但其融资需求与信贷配置仍存在着一些亟待解决的问题，比如，金融机构信贷门槛过高与龙头企业现有实力不匹配，金融服务跟不上龙头企业信贷品种多样性的需求，担保体系不健全不能满足龙头企业信贷担保需求，这些问题在一定程度上限制了龙头企业的发展壮大。

针对当前龙头企业面临的融资难问题，金融机构应强化服务意识，采取切实措施，畅通企业的融资渠道。

一方面，优化政策环境，制定优惠的金融政策。为龙头企业发展提供较为宽松的资金环境，如加大授信力度，提高支持龙头企业的信贷供给能力。同时，加大与政府、融资担保公司等部门密切合作，设立相应的融资风险补偿基金和担保基金，适当降低龙头企业的担保门槛，为龙头企业提供融资担保服务。另一方面，创新产品和服务模式，提供更为便捷和安全的金融服务。金融机构应积极探索适合龙头企业的金融产品和服务模式，研究制定个性化、综合化金融服务方案，满足其多样化金融服务需求。同时，通过运用物联网、大数据、人工智能、区块链等技术，大力创新金融服务流程，针对优质龙头企业提供融资、支付、结算、资产管理、保险等一站式线上线下金融服务。

（原文刊载于《中国城乡金融报》2021 年 11 月 3 日 B1 版）

第三章

创新实践

编者按：乡村振兴是重大战略，也是一项崭新的历史工程，需要参与各方在扎根实干的基础上，勇于创新、善于创新，以创新精神不断推动乡村振兴取得新成效。金融服务乡村振兴，需要金融机构结合乡村需求、立足自身实际不断开创新产品、提供新服务。2021年，我们看到农业银行从总行到分行作出很多有益实践。

全国首个乡村振兴金融创新示范区成立

■王　帅

2021年10月14日，农业银行党委书记、董事长谷澍在四川成都与中央农办副主任、国家乡村振兴局局长王正谱，四川省委副书记邓小刚，共同出席国家乡村振兴局、四川省政府、中国农业银行共建乡村振兴金融创新示范区启动仪式并致辞。四川省副省长尧斯丹主持并介绍示范区建设有关情况。四川省政协副主席、地方金融监管局局长欧阳泽华，农业银行党委委员、副行长崔勇出席。

王正谱表示，农业银行始终把助力乡村振兴作为重大政治任务，充分发挥了先行示范和骨干引领作用。三方共建乡村振兴金融创新示范区，全国首创，意义重大。邓小刚代表省委、省政府感谢国家乡村振兴局、农业银行长期以来对四川“三农”工作的大力支持。

谷澍指出，三方共建全国首个乡村振兴金融创新示范区，是深入贯彻习近平总书记关于实施乡村振兴战略重要指示、落实中央全面推进乡村振兴战略的具体行动，是深化金融供给侧结构性改革、创新金融产品和有效服务模式的重要举措，对金融更好服务农业农村、促进城乡协调发展、实现共同富裕具有重要意义。谷澍表示，将举全行之力支持示范区发展，围绕巩固拓展脱贫攻坚成果、现代农业、乡村建设等重点领域，发挥农业银行综合服务优势，加大资源投入力度，加快金融产品创新，强化金融科技应用，构建惠农理财、乡村振兴基金、涉农融资租赁等全方位服务体系，提升金融服务效率，积极满足农业农村不断升级的金融需求。

根据《国家乡村振兴局　四川省人民政府　中国农业银行共建乡村振兴金融创新示范区方案》，共建示范区将紧紧围绕巩固拓展脱贫攻坚成果、全面推进乡村振兴这条主线，聚焦高质量推动“10+3”现代农业产业体系建设、实施富农惠民行动、强化金融科技赋能乡村振兴示范工程等9大任务，在研发增加农民财产性收入的金融产品、拓展抵质押物范围、构建数字人民币惠农场景、推出绿色低碳金融产品等领域，统筹各方资源，加快创新突破，打造金融服务乡村振兴的示范样板。

（原文刊载于《中国城乡金融报》2021年10月18日A1版）

农业银行设立专项防返贫和产业扶贫发展“两个基金”

刘艳辉 彭明扬

为接续推进全面脱贫与乡村振兴有效衔接，农业银行向河北武强、饶阳、重庆秀山和贵州黄平4个定点扶贫县各捐赠800万元帮扶资金，专项设立“防返贫基金”，同时向4个定点扶贫县各捐赠500万元帮扶资金，专项设立“乡村振兴产业扶贫发展基金”。通过创设“两个基金”，从源头上筑牢返贫致贫“防波堤”，为群众脱贫致富奔小康提供“助推器”，目前取得了较好效果。

据了解，2020年3月，农业银行下发通知创设“两个基金”，及时对因病、因学、因灾、因疫等存在返贫致贫风险的贫困家庭及贫困边缘家庭进行帮扶，为各类涉农涉贫经营主体（含企业和个人）提供信贷和增信支持。

在“防返贫基金”使用方面，农业银行坚持规范化、精准化、差异化、便捷化原则，对拟受助人员逐级审核把关并进行公示，全程跟踪基金使用情况，不断完善监测和帮扶机制。在河北武强县，制定印发了《关于切实做好精准防贫机制建设的实施方案》，进一步明确了识别标准和流程等，推动防返贫机制精准化运作。

农业银行细化救助类别，实行差异化管理，进一步提升帮扶基金使用效益。在重庆秀山县，制定印发了《大病救助项目实施方案》，目前该县已支付大病救助类“防返贫基金”186万元，264户贫困户和贫困边缘户受益。

“乡村振兴产业扶贫发展基金”由农业银行捐赠资金与当地财政资金或社会捐赠资金共同组成，专项用于支持涉农涉贫主体发展特色产业，贷款利率最高不超过贷款市场报价利率（LPR），对涉贫经营主体实施更加优惠的贷款利率。

在日常运营管理中，由县政府会同金融担保公司运用基金为涉农涉贫经营主体提供信用担保，由当地农业银行审核、发放产业扶贫贷款，充分发挥基金的撬动和杠杆放大效应。农业银行还研究制定了基金管理办法，对信贷审批流程、额度、期限、利率、准入条件等进行细化。在河北饶阳县，建立了“10+1+1000”产业扶贫带动机制，即涉农涉贫主体每获得10万元增信贷款，须至少带动1名贫困人口年增收1000元以上。目前，农业银行已累计发放产业扶贫贷款1844万元，带动357户贫困户和贫困边缘户增收。在贵州黄平县，“乡村振兴产业发展基金”实现融资2436万元，惠及268个创业致富带头人和农业专业合作社。

（原文刊载于《中国城乡金融报》2021年1月15日A1版）

农业银行“领县”智慧政务平台试点面客

■ 夏春燕 范 华

近日，农业银行“领县”县域智慧政务平台（一期）在河北涿州、白沟和江苏响水三地同步试点面客。该平台旨在助力县域政府提升治理效能，推动县域产业发展，为城乡居民提供政务民生均等化服务。

党的十八大以来，以习近平同志为核心的党中央高度重视推进国家治理体系和治理能力现代化，数字政府建设成为推动国家治理体系和治理能力现代化的重要抓手。近年来，农业银行着力打造服务融合、渠道融合、场景融合、生态融合、数据融合的智慧政务服务体系，已形成覆盖国家、省、市各级的实践样本。今年，为服务乡村振兴战略，深入贯彻农业银行党委“全力打造县域金融服务领军银行”重要部署，农业银行智慧政务服务重点向县域延伸。

农业银行此次推出的“领县”平台，是县域智慧政务一体化平台，采取“1+2+3+4+5+N”架构，即统一云平台，“城乡居民共治门户、公务员办公门户”两个门户，“掌上办事小程序、掌上办公App、政府管理大屏”三端，“农业县、工业县、小商品市场县、文创旅游县”四类定制版，“优政、兴农、安居、乐业、党建”五大模块，以及N类数据。平台一期上线了县域政府督察督办、办公协同、民生服务、惠企服务、智慧党建等190多项功能，近日已在河北和江苏三地相关委办局及部分乡镇先行使用。

据了解，“领县”平台是标准化、定制化的综合解决方案。基于统一的平台架构，项目团队聚焦河北涿州环京区位优势，为其打造“美丽涿州”；聚焦河北白沟打造中国箱包小商品批发市场智慧化管理样板需求，为其定制“智慧小白”；聚焦江苏响水产业园区安全生产和国家级生态示范区建设需求，打造“我的响水”。

根据建设进程，“领县”平台将在2021年内完成产业园区及安全生产管理、农村土地入市及征改迁管理、涉农资金管理、惠民惠农金融服务专区等370多项功能上线，为分支行服务县域政府提供标准化、组件式的平台解决方案。下一步，该平台将在已确定合作意向的山东、安徽、四川、广西、辽宁、陕西、广东等省份的试点县陆续上线，并进一步向全国推广。

（原文刊载于《中国城乡金融报》2021年7月9日A1版）

农业银行创“联企兴村贷” 支持民企投资乡村振兴

■ 王玉翔 钟伟伟

近日，《中国农业银行与全国工商联共创“联企兴村贷”金融服务模式的实施方案》（以下简称《实施方案》）发布，从思路目标、重点领域、配套产品、政策措施和推动落实五方面，引导和支持民营企业投资乡村振兴，并做好配套金融服务。

这是全国工商联与金融机构首次联合出台支持民营企业参与“万企兴万村”行动的专属金融服务方案。“万企兴万村”行动于今年7月启动，由全国工商联、农业银行等6家单位共同组织实施，是国家号召民营企业投身乡村振兴的标志性行动，旨在探索民营企业和社会资本参与乡村振兴新路径新模式。

《实施方案》推出的“联企兴村贷”金融服务模式是由农业银行、全国工商联共同筛选确定“万企兴万村”行动中的优质下乡企业，对名单内企业和投资农业农村所带动的产业链条上各类涉农主体，提供优先贷款支持和线上线下综合金融服务。该模式不是针对某个具体对象的单一信贷产品，而是针对“万企兴万村”行动链条上各类主体不同特点和需求的综合金融产品服务包。

《实施方案》提出，要为下乡民营企业提供综合金融产品。通过倾斜配置信贷规模、创新区域特色产品、扩大抵质押担保范围、科学设置贷款要素、提高信贷运作效率等政策措施，推动“万企兴万村”行动取得实效。

据了解，“万企兴万村”行动启动以来，农业银行37家一级分行均与相应省级工商联（商会）进行了对接。截至9月末，农业银行已为前期参与行动的4.98万家民营企业提供金融服务；为2.52万家民营企业提供了近万亿元授信支持，用信总计超3000亿元。

农业银行山东分行深化与山东省工商联互联合作，对各级工商联推荐的优质民营企业进行精准对接、精准服务，特别是对全国工商联推荐名单中的民营企业持续强化服务。“万企兴万村”行动开展以来，该行已对近2500户各级工商联推荐的民营企业开展名单制精准服务，截至9月末，授信户数、金额分别达到186户、371.05亿元。

（原文刊载于《中国城乡金融报》2021年11月1日A1版）

河北：农行为乡村振兴添金融科技动力

■ 张　磊

农业银行河北分行积极响应国家政策，以科技前台化为契机，深化业技融合创新机制，依托金融科技赋能乡村振兴，在“三资（农村集体经济中的资金、资产、资源）平台”推广等领域取得突破性进展。截至1月末，河北分行与河北省近90%的县（区）在“三资平台”领域达成合作意向，签约率超80%。

苹果丰收时节，农业银行河北分行员工深入山区果园，问农需、解难题，依托“惠农e贷”+产品组合，向农户提供一揽子金融服务，助力乡村振兴（高洪水摄影）

助力三资平台推广

河北省农村集体产权改革启动时间早，目前已被纳入国家级试点。“三资平台”是各家商业银行抢占G端农村集体账户、守住乡村市场的主要阵地，也是参与农村集体产权改革、切入县域发展和乡村振兴的重要抓手。

为做好“三资平台”营销推广，河北分行成立售前工程师团队，和“三农”对公业务部、网络金融部等前台部门联合攻关，多次前往唐山、承德等地，为做好“三资平台”的推广提供有力技术支撑。

制定科学营销方案。售前工程师团队将科技思维融入调研工作中，提出一整套科技营销解决方案，帮助营销工作迅速打开局面。

密切对接政府部门。售前工程师主动出击，大范围、高频次对接河北省农业农村厅及各区域农业农村局，洞悉改革进展，解答政府疑问，从技术层面减少政府对“三资平台”的推广顾虑，提升营销成功率。

因地制宜提出解决方案。售前工程师通过与“三资平台”提供方沟通、洽谈，深入了解各平台差异，结合各区县实际情况，逐县分析，为每个区县找到最合适产品，为“三资平台”推广打下坚实基础。

通过售前工程师的助力，目前，河北省186个县（区）中，总计161个县（区）与河北分行达成合作建设“三资”管理平台意向，已签约154个，签约覆盖行政村逾2.6万个；开立农村集体经济组织账户逾2.4万户。

研发智慧乡村平台

为给乡村振兴注入新动能，河北分行研发了智慧乡村平台。该平台以“耕耘燕赵沃土，助力乡村振兴”为主题，以“三资+政务”为核心，以“一县一特色”定制开发为亮点，扩展加载多项便民服务功能，为政府部门及居民提供了多项便民、利企、惠农、优政服务。主要功能包括“三资平台”、乡村治理、智慧政务、金融服务、便民服务、惠农服务、农技培训、产权交易等功能，展现形式以App为主，并配套推出公众号和小程序。

智慧乡村平台是河北分行助力乡村振兴的战略级产品。为提升研发成效，河北分行售前工程师团队与网络金融部组成项目专班，集中研讨、封闭研发，吃在一起，住在一起，经过一个月的奋战，于2020年8月发布了1.0公测版，9月9日召开全省推广会，12月31日发布饶阳版特色App。目前，智慧乡村系统已累计注册用户逾30万户，用户覆盖河北省所有主要县（区）。

精心构建柔性团队

“三资平台”推广与智慧乡村平台建设是河北分行在“智慧三农”领域的重要举措，也是践行科技前台化的重要案例。该行采用“售前工程师+项目经理”柔性团队服务模式，承担客户营销和走访、服务方案设计、需求论证和编写、产品优化、项目测试、业务推广技术支持等工作。

围绕线上信贷、场景金融、大客户支持和智慧营销等重点领域，聚焦“三农”县域特色产品和重点项目清单，该行在研发服务中心设置了“零售业务与省会城市行支持团队”“新兴互联网业务支持团队”“数据挖掘团队”等7个团队，每个团队3~4人，由技术能力强、项目经验丰富的成员担任团队负责人，成员相对稳定，侧重的知识领域相对固定，这样既保证专业性又形成互补。

（原文刊载于《中国城乡金融报》2021年2月26日A4版）

广东：农行“千人驻镇”助力乡村振兴

■谭　琼

近日，广东省乡村振兴驻镇帮镇扶村工作动员部署电视电话会议在广州召开。会上，农业银行广东分行表示将选派金融助理驻镇帮镇扶村的计划，引发广泛关注和点赞。

驻镇帮镇扶村是广东省委省政府以更大力度推进乡村振兴战略的重要实践和举措。作为当地服务“三农”的“国家队”和“主力军”，农业银行广东分行坚定不移履行政治责任，主动对接驻镇帮镇扶村工作，积极响应，全行动员，组织“千人驻镇助力乡村振兴行动”，从省行及全辖22家二级分行择优选派一批专职、优秀的金融干部，为镇村地区乡村振兴提供“融资+融智”服务，推进“千镇万村”同建同治同美。

这批专职、优秀的金融干部驻镇后，将充分发挥金融助理的优势和作用，当好“三个角色”，为村镇建设带来新鲜“血液”。首先，当好“联络员”，进一步密切金融机构与当地政府、组团单位、经营主体和农户的联系。同时，当好“服务员”，积极参与，协同制定并落实镇域乡村振兴发展规划和金融服务方案。此外，当好“宣传员”，切实加强金融知识普及和推广，助力优化乡镇金融信用环境。

依托“千人驻镇助力乡村振兴行动”，广东分行将更好地发挥金融对经济发展的促进作用，重点在加大政策和产品支持、拓宽融资模式和渠道、助力数字乡村建设三方面持续发力。该行将针对性出台差异化信贷政策，推出“乡村振兴产业贷”“乡村振兴建设贷”“农村集体经济组织贷”“农链 e 贷”等产品，进一步提高融资便利性。同时，积极探索和推广“农恒基金”等新模式、新路径，助力政府以帮镇扶村专项资金撬动更多金融资源和社会资本参与乡村振兴。此外，在前期已与省政务服务数据管理局、省农业农村厅共建“粤省事”移动政务服务平台“农业农村专区”、产业园资金监管系统、“智慧乡村”政务平台、“6·30”捐赠财产管理系统的基础上，广东分行将持续优化平台，加强各方合作、资源共享，共建惠农服务场景，助力乡村治理水平加快提升。

“千人驻镇助力乡村振兴行动”是广东分行落实广东省政府与农业银行总行签订《金融服务乡村振兴战略合作协议》的又一重要举措，也是该行践行“我为群众办实事”的务实举措。广东分行将依托这项工作，围绕提升脱贫攻坚成果水平、提升镇村公共基础设施水平、提升镇域公共服务能力、提升乡村产业发展水平、提升抓党建促乡村振兴水平“五大主要任务”，更加积极地做好对接，更加精准地提供服务，更有成效地开展创新，全域全面全覆盖助力乡村振兴，为广东加快实现农业农村现代化贡献农行力量。

数据显示，截至今年 5 月末，广东分行县域贷款、涉农贷款余额双双突破 3000 亿元，县域贷款增量在全省金融同业保持第一。

（原文刊载于《中国城乡金融报》2021 年 7 月 5 日 A3 版）

吉林：农行“黑土粮仓贷”提质粮食生产

■ 黄英姿 曹 瀚

2021 年 7 月 9 日，农业银行吉林省分行为四平市梨树县卢伟农机农民专业合作社发放首笔 185 万元“黑土粮仓贷”法人贷款，为梨树县泉眼岭乡玉米种植大户崔连库发放首笔 10 万元“黑土粮仓贷”个人贷款，标志着该行在金融助力黑土地保护利用方面迈出了新步伐。

吉林省作为全国重要商品粮生产基地，承担着保障中国粮食安全的重要责任。在多元化保护黑土地方面，农行吉林省分行强化政治责任担当，携手吉林省农业融资担保有限公司等，创新推出特色贷款产品“黑土粮仓贷”。

农业银行吉林延边分行支持当地农户发展种植业（刘星摄影）

“黑土粮仓贷”是吉林省分行为促进黑土地保护利用，有效推动农业生产特别是粮食生产提质增效，向从事规模化、专业化、现代化农业生产的法人和自然人客户提供全方位金融服务的专属产品。服务对象包括农业产业化龙头企业、农民专业合作社、专业大户、家庭农场、现代农业生产单元等新型农业经营主体。

卢伟农机合作社的种植面积达500公顷，为护黑土地，多年来一直采用秸秆覆盖还田免耕播种技术，开展测土配方施肥、深松整地等保护性耕作投入较大。农行梨树支行多次上门提供金融服务，与吉林农担联手，在3个工作日内为其发放“黑土粮仓贷”，帮助合作社解决扩大生产遇到的资金问题。

据介绍，“黑土粮仓贷”重点服务全省26个黑土地保护市县及省内产粮大县从事玉米、水稻、大豆、高粱等农作物的产、加、销产业的大户。农行省、市、县三级联动，按季对全省各地区农副产品投入、产出、价格等情况进行整理，结合历年成本收益情况进行评估、分析和量化，在此基础上引入农户信息建档与法人授信模型进行核算，以保证预授信额度的准确。吉林省分行通过与农担公司平行作业，提高办贷效率。此外，该行探索“贷款发放—客户用款购买生产相关资料—从事生产相关活动—客户销售农产品—还款”全流程资金封闭运行模式，有效降低“黑土粮仓贷”这一新产品的操作和信用风险。

吉林省分行注重科技赋能，采用“e贷+”模式为“黑土粮仓贷”客户插上科技的翅膀，支持智慧农业发展，为吉林省加快实现农业现代化、保障国家粮食安全贡献农行力量。

（原文刊载于《中国城乡金融报》2021年7月14日A3版）

山西：农行创新信用体系建设助力乡村振兴

■ 梁晨霄

近年来，农业银行山西分行以“完善征信、服务‘三农’、普惠农村”为目标，以“信息采集、建档立卡、平台搭建、数据分析”为手段，采取政府评价与村民评议、传统信息载体与互联网技术、信用体系建设与信贷支农渠道、正面宣传引导与失信联合惩戒“四个结合”，全面推进农村信用体系建设，为农村信用建设与农村经济发展良性互动、农村经济与县域金融共同助力农业发展和乡村振兴构筑了持续有力的金融支撑。

搭建农村信息数据平台

农村信息数据平台是评价“信用村、信用户”和普通农户信用等级的基础。山西分行制定《服务乡村治理体系建设　全面开展“信用村、信用户”创建工程的实施方案》，助力信用建设与业务发展良性互动、乡村振兴与金融服务协调发展。

在实施过程中，山西分行积极推进“信用村、信用户”建设，每年都将其纳入年度重要考核指标，构建起“客户定位精准、经营特色鲜明、金融科技先进、业务运作高效、社会效益突出”的服务模式，不断拓展金融服务乡村振兴的广度和深度，大幅提升农村金融服务覆盖面、可得性和满意度。截至7月底，该行共评选创建698个信用村、1.36万个信用户，相关贷款余额5.28亿元。

依托农户信息建档系统，山西分行在全省范围内开展农户信息建档工作，将金融服务送到了农户家门口。

构建农户评价授信模型

在充分运用农村信息数据平台信息要素的基础上，山西分行利用大数据形成自助授信与农户评价相结合的授信模型，不断创新评价体系。

为确保信用评价科学合理，山西分行不断扩大参与主体，邀请农村“五老”（老党员、老干部、老劳模、老教师、老复员退伍军人）、村委成员、驻村干部、乡村医生、乡村教师、惠农通服务点店长及德高望重的村民等，组建“定性信用”评价小组。同时，设计《农户家庭信用情况评价表》、评分卡，由评价小组“背靠背”对农户的基本信息、诚信状况、经济状况、行为品德核实校准、评价打分。根据打分情况，该行对优良者建档授信，构建村组“定性信用+商业银行定量信用+人民银行征信信用”的三维农户评价授信模型。

研发“三农”专属信贷产品

在现有农村个人生产经营贷款等普适性产品的基础上，山西分行结合各市、县特色农业产业情况和实际需求，分品种研发定制专属信贷产品。

山西分行下发《关于加快落实有意向合作的新型农业经营主体的通知》，在加强信息共享、拓宽新型农业经营主体抵质押物范围、完善信贷风险监测分担补偿机制、提升农业保险服务能力和强化政策激励方面下功夫、做文章。辖属各行做好对接工作，持续跟进、重点营销新型农业经营主体，不断提升金融服务质效。截至目前，该行已对接龙头企业、农民专业合作社、示范家庭农场159个，累计发放贷款8.75亿元。

以增加有效信贷投放为重要抓手，山西分行不断强化乡村振兴服务能力。在全省8个规模大、产值大、影响大的特色产业中，该行筛选出产量排名前10的50个县所在支行，重点推进“惠农e贷”业务。该行还在各个县市陆续推出“黄河人家贷”“农机e贷”“非遗传承贷”等新产品；与省畜牧局开展联合调研创新支持畜牧业发展新模式；在安泽县开展县域大数据试点，围绕当地主导产业推出“玉米e贷”。截至7月末，该行累计投放“惠农e贷”145.34亿元，余额48.22亿元。

（原文刊载于《中国城乡金融报》2021年9月22日A3版）

江苏：农行构建智慧场景　服务县域发展

■ 张建良

建设数字乡村是实施乡村振兴战略的重要内容，也是建设数字中国的重要组成部分。农业银行江苏分行加快建设县域乡村智慧场景，提高“三资”平台覆盖面，以“一项目一方案一授权”普惠信贷业务新模式和“万人进千村”批量获客“双轮驱动”，不断提升县域客户数字化体验。截至今年8月末，该行通过“万人进千村”行动批量采集乡村优质农户信息19.9万户，“惠农e贷”余额413.6亿元，县域掌银注册客户1523万户、月活客户497万户。

巩固县域业务发展优势，从“传统”向“数字化”转型。深入实施数字乡村建设方案，以金融科技赋能乡村振兴为目标，以服务基层政府、服务乡村产业、服务广大农户为宗旨，围绕农村产权制度改革、农村产权交易、乡村产业数字化等农业农村发展过程中涌现的新业态、新要求，面向G端、B端和C端，建设具有江苏分行特色的数字乡村服务平台、智慧乡村产业平台，配套掌银特色服务和涉农大数据库建设，进一步丰富获客、活客、留客渠道，提升生态经营、客群经营能力。

推动数字乡村平台构建成型，从“替代”向“迭代”转化。以打造“三农”普惠最佳数字生态银行为目标，主动参与地方政府数字乡村整体规划设计，首批入选江苏省数字乡村服务资源池，成为资源池中唯一一家银行金融机构。加强与省农业农村厅合作，优选第三方科技公司，围绕农村产权制度改革，打造“三资管理+集体经济组织股权管理+产权交易”三位一体的数字乡村服务平台，充分整合农村集体家底数据、交易数据、资金数据，叠加政务、村务、党务等服务，实现客户一点接入、服务全面享受。积极营销农村集体“三资”监管平台，打造南通、常州新北、苏州常熟等多个模式，助力全省农村集体“三资”阳光管理，目前已累计上线近20个县（市、区），开立“三资”账户3481个，入围国家金融科技服务乡村振兴示范工程。

农行江苏南通如东支行开展“万人进千村”活动，
助力当地特色农业产业园发展（管淼淼摄影）

加快县域智慧场景生态圈及掌银工程特色发展，从“有线”向“无线”延伸。围绕多元场景和客户需求，深度融入农村生产生活场景，在智慧校园、智慧政企、智慧社区等场景全覆盖的基础上，积极开展文旅产业、便民服务、乡村治理等乡村重点、特色场景试点，打造江苏“三农”特色场景，发挥场景项目化批量化获客作用，实现金融服务便捷化供给。结合农业银行掌银乡村版推广，打造掌银“数字乡村”专区，对接政务、农村集体“三资”管理等行外平台，聚合“一村一面”便捷高效的村务信息、党建信息、惠农服务、金融服务等综合化服务入口。截至今年8月末，累计完成县域有效场景建设3210个，“智慧校园”上线308个，智慧厂区服务440家企事业单位。

围绕建圈建链建池，做深做透现代农业，从“点上”向“面上”铺开。重点围绕粮食、生猪、水产、蔬菜四类千亿级特色产业，加快对接农业农村部门，摸清产业布局，形成产业图谱，按照“一项目一方案一授权”模式加快推进，提升信贷服务覆盖面。逐步将金融服务嵌入“三农”产业数字化转型全过程，纵向上全面服务加工、流通、储运等产业链资金流，横向上覆盖农业产业化龙头企业客户上下游，确保农行真正成为服务江苏现代农业的主力军。

完成涉农大数据库建设，从“碎片”向“集成”递进。坚持数据驱动、数字画像，深化与各类客户信息资源机构和部门合作，推动涉农数据跨层级、跨地域、跨部门有效汇聚和共享开放，积极对接省农业农村大数据云平台、地方农业信息平台和涉农企业ERP系统，用三年左右时间基本建成完整可靠的全省农户信息数据库。应用“大数据”“云计算”等技术，扩大农户建档覆盖率，提升建档智能化水平，提升农户建档信息的及时性和准确性。持续丰富“惠农e贷”产品体系，有效提升数据获客效率和白名单用信率，利用涉农大数据库建设成果为甄选客户、风险防控、压降成本提供决策支持。

（作者系农行江苏分行党委书记、行长。原文刊载于《中国城乡金融报》2021年9月24日A6版）

山东：农行优化系统功能 激发惠农合力

■ 邵静河

农业银行2021年年中党建和经营工作会议强调，要打造数字乡村服务优势，加快“惠农通”优化升级，打造服务乡村振兴的前沿阵地。农业银行山东分行深入贯彻落实总行数字化转型战略部署，积极构建“惠农通”服务点、客户、网点三位一体的“惠农通”综合营销服务体系，实现了线上裂变、精准营销和服务阵地的延伸。

山东分行注重加强顶层设计，推动建立制度体系完善、组织架构完备、产品服务丰富、运转高效规范的“惠农通”综合营销服务体系。今年以来，已在3071个服务点应用“惠农通”综合营销服务平台，通过平台累计新拓客户2.2万户，带动开立借记卡1.1万张、信用卡1347张，注册掌银1.8万户，带动了各项业务的协同增长。

山东分行“惠农通”工作取得一定成效，主要得益于创新开展乡村振兴信息员项目、启动“行司联动深耕乡村市场”活动、自主研发上线“惠农通”综合营销服务平台等举措。

在创新开展乡村振兴信息员项目方面，山东分行在传统服务点架构基础上，组建了由“惠农通”服务点店主、村干部、致富带头人等组成的“金融服务乡村振兴信息员”队伍，赋予其引荐客户、协助营销、信息收集和贷后管理四大职能，帮助农行共同拓展乡村市场。在“行司联动深耕乡村市场”活动方面，将合格的农银人寿客户经理发展为信息员，共同提升农村市场产品覆盖度。在构建“惠农通”综合营销服务平台方面，进一步丰富系统功能，借助平台客户端，可实现产品展示、业务预约、“一人一码”裂变营销、权益查询等功能。

山东分行将坚决贯彻落实总行部署要求，持续优化“惠农通”综合营销平台，依托平台建立起一支“信得过、靠得住、用得上”的服务点信息员队伍，打造更加完善的“惠农通”综合营销服务体系，有效延伸农行的整体服务网络。

农行“惠农通”服务点为乡村居民提供便利金融服务（张巍摄影）

依托产业链节点设立“惠农通”服务点。加快探索在产业链及供应链节点上建设服务点，依托产业链有效发挥服务点裂变营销效能，实现客户及资金的闭环营销。目前，寿光支行已与619户收菜点负责人签订“惠农通”服务点服务协议，同业首家实现集资金结算、产品营销、普惠服务等功能于一体的“线上+线下”立体式场景金融服务。因地制宜发展乡村振兴信息员队伍。在充分征求地方政府、村委意见和本人意愿的前提下，优选人品好、人缘好、有威望、有影响力的村干部、乡村振兴带头人、农行贷款客户、“惠农通”服务点店主、乡村好青年、返乡退役士兵、返乡大学生等加入乡村振兴信息员队伍。按照“村委推荐、网点调查、支行审核、分行审批、村内公示、签订协议”的程序，开展信息员准入，延伸农村阵地服务触角。

持续优化“惠农通”综合营销服务平台。丰富产品种类，做厚大数据积累，提升系统数据分析能力，积极探索风险监测与控制机制，使平台功能更加丰富、操作更加友好、数据更加详尽，打造更加完善的“惠农通”综合营销服务体系。

压实网点对“惠农通”的管理责任。对县域网点实施“划片包点”，明确管辖范围，以县域网点为轴线，将管理“惠农通”服务点和乡村振兴信息员作为重点工作。将服务点的协助营销作为县域网点的日常“必修课”，通过县域网点、“惠农通”服务点、乡村振兴信息员的协同工作，构建农村地区“串点为线、连线成面”的服务体系。

（作者系农业银行山东分行副行长。原文刊载于《中国城乡金融报》2021 年 9 月 24 日 A6 版）

天津：农行建好电商平台　助力消费帮扶

■ 王兆东

数字乡村建设是乡村振兴的战略方向，农村电子商务在数字乡村建设中扮演着重要角色，是打开农产品销售渠道，助力东西部协作和对口帮扶的重要路径。农业银行天津分行持续加强党建与业务深度融合，扎实贯彻新发展理念，助推“十四五”办实事、开新局。各部门、各层级积极协作、真抓实干，以实际行动践行乡村振兴使命，助力天津市消费帮扶形成“人人皆可为、人人皆愿为、人人皆能为”的参与格局。

在总行相关部门的大力支持下，天津分行作为独家服务商，协助天津市消费帮扶工作组，基于总行“兴农商城”，创新创建省级统一的消费帮扶平台。平台一面连着西部地区脱贫户，一面连着东部地区广阔市场，为天津市 1300 万名市民搭建了一座“津城献爱心，消费助振兴”的桥梁，已上线帮扶商品 6167 种，全面覆盖 50 个对口帮扶地区。

天津分行以消费帮扶平台推广为契机，深化银政合作关系，促进业务综合发展。截至目前，平台累计带动 27 万名市民参与购买帮扶商品，帮扶金额 1500 万元；登记企事业单位 4168 户，登记个人客户 17 万户；以消费帮扶为突破口，已对 1391 家企事业单位开展上门营销，其中 757 家为首次与农行开展业务合作的机构；带动个人掌银客户新增 10 万户；带动互联网高频场景新增 18 个。

天津分行将坚决贯彻落实总行部署要求，以“分行统筹、支行推进、网点落实”为原则，依托消费帮扶业务合作，持续深化银政、银企、银校、银商关系，拓宽电商销售渠道，助力百姓增收致富。

丰富活动，加速平台推广。协助天津市消费帮扶工作组开展“消费帮扶月”线上活动，为商家搭建活动专区，通过多方渠道开展线上线下宣传，扩大活动影响力，通过“价格直降”“领券满减”等方式，引导广大市民购买帮扶商品。开展消费帮扶爱心卡客户“满减”活动，为持续营销公职人员、企事业单位员工提供抓手。开展网点消费帮扶体验区“优惠购”活动，面向到店客户，加大平台活动宣传力度，促进掌银客户新增与活跃。把握9月、10月党政机关、企事业单位消费帮扶工作开展窗口期，持续推进消费帮扶进机关、进企业、进社区、进校园外拓营销活动。

营造氛围，促进综合发展。充分发挥青年突击队作用，调动基层营销人员积极性，加强对公、个人业务综合营销。协助各区消费帮扶工作组做好辖内平台推广工作，通过线上线下相结合方式，指导企事业单位及员工线上购买帮扶商品，联动营销对公开户、代发工资、个人开户、理财、信用卡等金融业务和党费、食堂、工会费等场景业务，促进综合效益提升。

持续优化，完善平台功能。丰富产品种类，提升客户体验，做厚做足数据积累，提升系统数据分析能力，绘制客户生态图谱，凸显平台“公益性、市场化、高效率、多渠道、优体验”功能，打造更加完善的综合营销服务体系。

强化运营，提升服务品质。履行天津市消费帮扶服务平台运营服务商职责，建立完备的总、分、支三级联动线上运营机制，加强线上运营队伍建设和人才培养，优化消费者客户服务、经销商销售管理和内部审核审批等流程，持续提升运营服务效率，保障平台健康平稳发展。建立以“客户为中心，以政策为基础，以市场为导向”的运营反馈机制，不断优化客户体验。

（作者系农业银行天津分行副行长。原文刊载于《中国城乡金融报》2021 年 9 月 24 日 A6 版）

海南：农行“党建+信用村”模式促乡村振兴

■ 唐儒海

农业银行海南分行通过创建“党建+信用村”模式，持续提升“三农”金融服务质效。截至9月末，该行累计建设“党建+信用村”427个，发放农户贷款17.9亿元，惠及2.1万农户。该行做法得到了海南省委、省政府的肯定，在今年9月召开的全省抓党建促乡村振兴工作会议上进行了经验交流。

据介绍，“党建+信用村”的核心是“党建引领，信用为本”，以银行党支部与村党组织联建为基础，以选好信用户为重点，以发放无担保、无抵押基准利率信用贷款，解决农民融资难、融资贵问题为目的。

2020年9月11日，农业银行海南分行与定点帮扶村签订“党建+信用村”建设协议，助力产业发展，农户增收（林慧摄影）

海南分行依托市县党委、政府的支持，参考政府星级村党支部评定结果，优先选择村“两委”班子团结和谐、领导有力的行政村作为“信用村”初选对象，并按照总行“信用村”准入标准进行评定。同时，发挥农业银行点多面广、支部建在网点上的优势，选择地域相近的农行党支部与村党支部签订共联共建协议，明确主题为解决农户融资难融资贵问题，内容为“阵地共建、经验共享、客户共管、人才共育、难题共帮”，形成工作合力。

在信用户逐户核定的基础上，相关分支行确定信用村整村授信额度，确保满足农户资金需求。在具体贷款发放环节，将村党组织推荐作为前置条件，并对客户进行贷前调查，为符合条件的农户提供基准利率无担保无抵押的信用贷款。客户可实现手机银行“秒贷秒还”，方便快捷。

海南分行坚持为广大农民办好事、实事，与各市县党委政府沟通，推动“共联共建”见实效、出实绩，为“信用村”办实事1000多件次，专项列支党建联建经费，帮助培训农业人才、培育村级产业、搭建交流平台，帮助解决农村污水排放、农产品销售等难题。

依托“党建+信用村”模式，海南分行积极推进农村信用体系建设，持续加大信贷投放力度，目前已完成农户信息建档超过5万户。同时，推进“智慧乡村”发展，加快“掌银示范村”和“惠农通服务点”建设，打通金融服务乡村振兴“最后一公里”。

海南分行和辖内各行党委均成立“党建+信用村”建设领导小组，明确省分行党委组织部、乡村振兴金融部具体负责督促指导。将“党建+信用村”建设纳入年度综合考核，考核结果与各行领导班子及其成员的党建考核挂钩，为“党建+信用村”建设提供有力的组织保障。

（原文刊载于《中国城乡金融报》2021年10月25日A4版）

第四章

工作建言

编者按：天下难事，必作于易；天下大事，必作于细。乡村振兴伟大工程的实施见效，必然“落地”于一项项明确任务，一件件具体工作。认识来源于实践，具体工作中产生的认识，经过理性思考而形成的见解，必将有益于指导实践。2021年，我们开辟专门栏目，收集了乡村振兴不同领域参与者在工作中的思考建言，精选于此供读者参考。

乡村信息官　打通城乡信息通道

■张　璟

当前，以5G、大数据、区块链为代表的新一轮信息技术革命方兴未艾，诸多行业都开启了数字化转型的新征程。然而，随着信息化、数字化进程的推进，城乡之间的数字鸿沟逐渐显现。如何解决农村与城市间信息不对称的问题，如何为村民和市场提供信息服务传输、分享的渠道，如何帮助农民拓宽销售网络，成为摆在农业农村数字化转型进程中的关键问题。

破解这一难题，需要破除众多短板，除了农业农村领域新型基础设施建设、农业农村公共服务的“一网通办”、农业农村数字化转型配套的管理制度和实施政策的转型外，一个重要的难点在于农业农村基础信息的获取和管理。这一难题普遍存在于广大乡村地区，成为制约农业农村数字化、信息化转型的瓶颈。

事实上，我国已有诸多实践着力于突破这一短板。例如，为发现、培育乡村振兴人才，打通乡村信息通道，人民日报社新闻中心智慧农业研究院携手中报头条（北京）新媒体科技有限公司创立了“乡村信息官”助农模式，提出了“为乡村振兴树榜样，以信息引流助民强”的培训理念和方向。近日“乡村信息官”全国培训计划正式开启，将在全国范围内以地市级行政区域为单位开展培训工作，计划在两年时间内选拔培养10万名合格“乡村信息官”，赋能乡村振兴，助力“三农”发展。

做好乡村信息官的培训需要从以下几方面着力：一是创新工作方法。重点抓好理念创新、手段创新、基层工作创新，实施乡村信息官培训的地区要加强顶层设计，出台相应的实施方案，明确工作机制，通过加强领导、加强保障、加强把关，对乡村信息官进行档案化管理、定期考核评价、畅通退出机制，建立完善持久的发展机制。二是突出地域特征。乡村信息官的培训不能千篇一律，要特别注重因地制宜，让乡村信息官用本土语言讲好上级政策、讲好本土故事，做好当地农业农村农民的代言人，当好中央政策、上级精神、外界信息的传话筒，真正让信息在农业农村和城市之间畅通无阻，让信息精髓精准传递。三是选好培训对象。培训人员遴选，培训课程设计对提升乡村信息官能力有重要影响，乡村信息官可由各村村支书或回乡创业的“新乡贤”担任，需要政治素养好、政策水平高、大局意识强、业务技术精、表达能力好、沟通意识强、服务热情高、熟悉乡土人情的农民朋友来担任。四是完善培训制度和配套设施。开展乡村信息官培训的地区需要设置完善的信息官培训课程体系，完善乡村信息官的培训规划和考核制度，建议依托当地职业技术学院等培训单位或机构，邀请政府部门、科研院所、中央或地方媒体、高校、社会企业等多方主体，为乡村信息官分专题、分方法、分群体地开展循序渐进、持续完整的课程培训。

在培育建立起一支乡村信息官队伍后，各地要充分发挥乡村信息官“信息流”的作用，整合资源，让乡村信息官成为新型职业农民的代表、推动乡村振兴的主体。一是借助短视频、微信、App 等数字化平台，让乡村信息官发挥连接物流、资金流、信息流等渠道的关键作用，用信息化的手段促进农业产业发展。二是发挥乡村信息官的带动作用，以信息官为纽带辐射周边农户学习新理念、掌握新技术、实践新方法，带动村民抱团发展，共享农业农村信息化发展的红利。三是以乡村信息官为起点，着力打通城乡融合中的信息不对称，通过宣传思想、文化、技术、方法，推动农业农村农民跨越式发展，为信息化引领乡村振兴作出实践探索。

（作者单位：农业农村部农村经济研究中心。原文刊载于《中国城乡金融报》2021 年 1 月 6 日 B3 版）

培育“领头雁” 助力乡村振兴

■ 欧永生

当前，随着巩固拓展脱贫攻坚成果与乡村振兴有效衔接加快推进，“三农”发展迎来新机遇。农村致富带头人作为推进乡村振兴的重要力量，大有可为。

近年来，返乡入乡创新创业已成为一种趋势。一大批“田秀才”“土专家”“乡创客”等能工巧匠在乡创业，正不断发挥农村致富“领头雁”的作用。

山东省淄博市淄川区西河镇护宝泉村成立农产品专业合作社，流转土地种植甘薯新产品，发展特色农业（陈新利摄影）

农村要发展，需要有知识、有见识、有胆识的优秀人才来推进建设；农民要致富，需要有技术、懂经营、会管理的致富能手来引领带动。农村致富带头人推动了创业层次提升和新型技术加快应用，其富民兴乡带动作用日益显现。

农村致富带头人，不仅已经发挥而且要继续发挥“领头雁”作用，这是巩固拓展脱贫攻坚成果的现实需要。发挥好农村致富带头人的“领头雁”作用，需要多管齐下、多措并举，形成完善的帮带长效机制。

作为推动乡村振兴的重要力量，农村金融机构应加大金融支持力度，着力打造培育农村致富“领头雁”，带动“三农”新发展。

打好政策“组合拳”。农村金融机构要积极与农村产业振兴、财政税收等政策加强对接，包括产业基础设施建设、特色优势资源使用、普惠金融、技术推广、电商物流、税收优惠等方面的扶持政策，全方位支持“领头雁”创新创业。如可联合地方财政建立新型农业经营主体发展专项资金，在贷款贴息、信贷担保、技术创新和品牌创建等方面，可对农村致富带头人重点扶持。还可健全利益联结机制，发挥基层党建优势，积极探索不同的帮带形式，构建“基层党组织 + 合作社 + 致富带头人 + 农户”等组织形式，促进多元参与主体的合作共赢。

出好金融创新牌。农村金融机构应积极创新信贷支持模式，加快创新配套金融产品，找准服务乡村振兴战略的着力点，适应新型农业经营主体、创新创业等需求升级新情况，提供个性化、差异化的金融产品和服务。探索农村产业链贷款、基于未来现金流的信用贷款业务，有效解决农村创业企业、新型经营主体传统抵押物不足等问题；稳妥开展“投贷保担”结合支持模式试点，通过多种方式加强银行业与创业投资、产业投资、风险投资、保险和担保公司等机构的合作，为“领头雁”提供有针对性、高附加值的金融服务。

下好场景应用棋。当前，越来越多的返乡入乡创新创业人员开始借助大数据、互联网、物联网等现代信息技术，来发展智慧农业、农村电商、点对点直供等新业态新模式。农村金融机构应加快适应农村创新创业“线上化”的趋势，提高数字化金融服务水平，加快科技系统改造升级，充分运用金融科技，为创业创新企业提供开户、结算、融资、理财、咨询、现金管理等金融服务。同时，积极支持搭建创新创业平台，支持依托大型农业企业、知名村镇、大中专院校等建设一批集“预孵化+孵化器+加速器+稳定器”全产业链的农村创新创业孵化实训基地，帮助“领头雁”创业发展。

（原文刊载于《中国城乡金融报》2021年1月20日B4版）

创新农担服务模式　全面推进乡村振兴

■ 王丽娟

近日财政部表示，全国农业信贷担保体系已初步建成并步入良性发展轨道。自 2016 年成立国家农业信贷担保联盟有限责任公司以来，四年多时间，农担体系打造了一个上下联动、紧密可控、运行高效的“国家—省—市（县）”三级服务体系，成为影响农村金融供给格局的重要新生力量。2017 年至 2020 年，全国农担业务规模年均增长 91%。目前，全国农担在保余额 2117.98 亿元，放大倍数 3.4 倍，农业“融资难”“融资贵”问题得到缓解，政策性效果逐步显现。

农行福建漳州龙文支行客户经理深入当地一家
绿化苗木种植基地，了解客户金融需求（戴溪川摄影）

2020 年是脱贫攻坚收官之年，为拔掉贫困地区的“穷根”，农担体系坚持“输血”和“造血”并行，促进了乡村产业兴旺和农民就业增收，助推了脱贫攻坚和乡村振兴战略的实施。农担体系一方面积极推进银担合作，通过与全国性银行的“总对总”战略合作，较好地解决了“钱从哪来”的问题，为贫困地区引入了“金融活水”。另一方面，积极对接政府部门，统筹安排扶贫开发、产业振兴等政策，借助产业扶贫等方式，增强了贫困户的内生发展动力，提升了贫困地区的“造血”功能。

2021 年是巩固拓展脱贫攻坚成果同乡村振兴有效衔接的起步之年。农担系统需进一步创新模式，完善风险防控手段，更好地助力乡村振兴。

一是进一步加大外部合作，创新服务模式。一方面，应积极主动加强与各级农业农村部门以及相关基层政府的深度合作，做大业务规模；另一方面，应进一步加大银担合作力度，结合农村经济转型中出现的新需求、新业态，积极创新符合农民合作社、家庭农场、农业社会化服务组织、种养大户、小微企业等农业经营主体特点的新服务模式。

二是进一步提升防控水平，守住风险底线。应结合农业农村部新型农业经营主体信息直报系统等信息化、智能化手段和技术，深度挖掘数据价值，创新农担产品和再担保产品设计，降低信息不对称导致的风险。同时，也要充分发挥专业优势，不断拓展风控因素的纳入因子，完善风险防控机制。

三是进一步健全激励机制，提升参与动力。一方面，相关政府部门要对各地农担工作开展情况实行严格的激励约束机制，切实发挥绩效评价的指挥棒作用；另一方面，针对银担合作业务，农担机构也应进一步简化融资担保流程及理赔程序，提高融资担保效率，降低商业银行时间成本，提升商业银行积极性。

（原文刊载于《中国城乡金融报》2021 年 3 月 24 日 B1 版）

构建“三下乡”长效机制　助力城乡融合发展

■ 张　斌

近年来，农业农村部将“三下乡”活动作为实施乡村振兴战略的有力抓手，每年深入各地开展“三下乡”服务活动，并不断丰富服务内容，创新服务方式，汇聚更广泛力量，努力探索城乡融合发展新模式。

今年3月25日，农业农村部联合宁夏回族自治区在石嘴山市龙泉村开展2021年文化科技卫生“三下乡”集中示范活动。活动现场为农民群众送上了精彩的文艺演出，赠送了生产农资和农技图书资料，演示了智慧农机具，提供了农业技术咨询、农业科普讲座、实用生产技术培训、普法宣传、专家义诊等服务。此次活动还进行了全程直播，让广大群众足不出户就能够感受到“三下乡”活动现场氛围。全国农业科教云平台也开设了长期在线即时科技服务网上大集“科技在春·三下乡”专栏，为广大农民朋友提供24小时全天候技术服务。

“三下乡”活动开展25年来，内容日益丰富，渠道持续拓展，形式不断创新，已成为一项提高农民思想道德水平和科学文化素质、助力脱贫攻坚的跨世纪民心工程，深受农民群众欢迎。全面建设社会主义现代化国家、进军第二个百年奋斗目标，离不开广大群众的精诚团结、勠力同心，“三下乡”活动要充分发挥好暖民心、聚民智、汇民力的作用，推动“三下乡”活动常态化、制度化，持续创新服务内容和方式，提升服务效能，为全面推进乡村振兴、构建新型工农城乡关系提供强大技术支撑和精神力量。

推进“三下乡”常态化，尽快实现乡村基本全覆盖。依托新时代文明实践中心，将“三下乡”活动打造成各地农村的特色品牌活动。因地制宜，每年定期举办内容丰富、形式多样的服务活动，广泛吸引各类人才常下乡、常在乡。充分利用现代信息技术手段，创新便民服务方式，打造一支“不走”的服务工作队伍。突出抓好集中示范服务、大中专学生志愿者暑期“三下乡”、寒暑假儿童关爱服务、节庆日专场等系列活动，面向农村积极开展送理论、送文明、送服务、送人才活动。

提升“三下乡”服务效能，激发乡村振兴内生动力。根据广大农民朋友的需求提供相应的服务内容，构建适应农村发展的系统化服务解决方案。在“三下乡”活动中，既解决问题，又了解需求，通过组织开展各类活动，广泛深入了解农民群众的最新发展需求，切实解决农民群众生产生活中的现实问题，不断提高农民思想道德素质、科学文化素质、身心健康素质和乡村文明程度。将外部支持与内部互助相结合，积极推进乡村内部各类人才之间的互帮互助，将“三下乡”打造成展示新时代乡村精神风貌、促进城乡交流互动的重要平台，广泛调动农民群众参与社会主义现代化建设的主动性、积极性、创造性。

创新“三下乡”宣传方式，营造良好社会氛围。广泛利用新媒体新渠道加强活动宣传报道，深入挖掘和宣传各地各部门的鲜活经验和创新做法，积极营造全社会关心、支持、参与“三下乡”活动的良好氛围。积极做好遴选推荐和宣传展示工作，把“三下乡”活动的丰硕成果宣传好，把广大农村干部群众投身新生活、新奋斗的昂扬风貌展示好，推动各地各部门互学互鉴，营造“三下乡”务实创新的良好氛围，推动各类社会资源向乡村倾斜。

“三下乡”活动是新时期服务乡村的重要载体，是了解乡村的重要渠道，是推进城乡融合发展的重要模式创新，要加快构建“三下乡”长效机制，吸引各类人才深入基层、深入民心，形成全社会支持参与“三下乡”的生动局面，切实给百姓带来更多“获得感”，把“三下乡”这篇民生“大文章”写出特色、干出实效。

（作者单位：农业农村部农村经济研究中心。原文刊载于《中国城乡金融报》2021年4月7日B3版）

强化监测预警　助力产业振兴

■张　莹

农业监测预警是对农业生产、流通、市场、消费等各个环节进行数据采集、信息分析、预测预警与信息发布的过程，通过对农业产业链、价值链和供应链以及信息流、物质流和资金流等的监测预警，可以实现全产业链的实时化、精准化和智能化管理调控，是防范和化解各种风险挑战、确保农业持续健康发展、助力乡村产业振兴的重要手段。

联合国粮农组织（FAO）及美国、欧盟、韩国等均建立了较为完整的农业监测预警体系。如 FAO 的全球粮食和农业信息及预警体系（GIEWS），将卫星遥感信息和各国农业统计、区域农产品市场和气候等信息相结合，重点监测粮食生产与可获得性、市场与粮食的获得途径、全球粮食缺口、粮食需求、粮食供需平衡及粮食营养与脆弱性等。美国建立了“农产品安全生产—储备—预测预警—投放保障”机制，开发的多国商品联结模型（Baseline 模型）涉及世界 43 个国家和 24 种农产品，可分国家、分品种对农产品生产、消费、贸易和价格走势进行预测。

与这些组织和国家相比，我国农业监测预警工作起步较晚，但是发展较为迅速。通过国家“金农”工程、国家科技支撑计划、农业农村部市场预警等一系列重大工程和科研项目，我国成功研发并应用了涉及农业生产、食品安全、市场流通、农产品消费、疫病监控、病虫害防控等领域的农业监测预警系统，如涵盖 11 大类 953 种农产品的监测预警系统（CAMES）、覆盖 18 个主要农产品及农资的供需分析系统（CAPES）等，组建了从中央到地方的专家、分析师和信息员队伍，监测预警范围不断扩大，影响力不断提升，“风向标”引导作用日益显现。

在全面实施乡村振兴战略的背景下，在农业疫情、灾情多发频发的风险挑战下，我们要充分认识监测预警在推动产业振兴、建设现代农业中的重要作用，不断强化农业监测预警工作。

加强顶层设计。充分考虑当前农业监测预警工作多部门管理、信息多部门采集的实际，研究在国家层面建立农业全产业链监测预警体系的基本架构、发布平台、工作团队及运行机制。突破政府部门“包打天下”的传统认识，统筹各方力量，充分发挥科研院所、信息机构、龙头企业、新型经营主体等在监测预警中的作用，并研究制定有关扶持政策，提高其参与积极性。

运用好现代信息手段。我国农业监测预警已进入以系统化、信息化、智能化为特征的快速发展阶段，要加大农业大数据、物联网、云计算、人工智能、区块链等新一代信息技术的应用，加强农业信息获取、数据分析、应用服务等方面技术研究，从更高层次、更全维度掌握农业生产、流通、市场、消费等全产业链发展变化，优化监测预警体系，强化重要信息报送，提高信息采集的科学性、分析预警的专业性、信息服务的精准性，促进农业监测与评价、预报与预警的常态化、数字化和规范化。

强化监测预警队伍建设。农业监测预警是信息技术服务现代农业发展的重要体现，是跨学科跨领域的系统工程，需要农业、经济、信息等多领域人才的通力合作。要加强专业人才队伍建设，尤其需注重青年人才的储备，通过国内外联合培养、合作交流、数据共享等方式，为农业监测预警的重大理论问题突破、关键技术创新、信息服务优化提供有力支撑。加强基层信息员队伍建设，保持人员相对稳定，人员变动时做好信息统计监测业务及资料的交接。加强对监测预警人员的专业知识和技能培训，不断提升业务水平。推动各地建立重要和特色优势农产品监测预警团队，密切跟踪区域重点农产品市场运行和特色优势产业发展。

加快监测预警法治化步伐。借鉴国际经验和做法，对我国农业信息采集、分析、预警、发布以及信息市场发育等问题在制度层面予以规范和推进，启动有关立法程序，及早把我国农产品市场监测预警纳入法治化发展轨道。

（作者单位：农业农村部农村经济研究中心。原文刊载于《中国城乡金融报》2021 年 4 月 21 日 B3 版）

乡村建设不能“管建不管用”

■张 斌

乡村建设已成为“十四五”时期我国“三农”工作的着力点，既是巩固拓展脱贫攻坚成果同乡村振兴有效衔接的重大举措，也是加快农业农村现代化的内在要求。

当前，全国各地都在谋划启动实施乡村建设行动。在具体实践中，长期存在的“重建设、轻管护”问题，亟须特别关注。近期，河南等地一些乡镇污水处理站长期停运、污水处理受阻于“最后一公里”的问题被中央环保督察组通报，并引发社会各界热议。媒体在中西部多地调查发现，污水处理设施长期“睡大觉”“晒太阳”“打折扣”等问题在一些农村地区尤为突出。

事实上，在农村环境治理中，“重建轻管”的现象非常普遍。2018年审计署发布的第2号公告《2017年第四季度国家重大政策措施落实情况跟踪审计结果》显示，环保项目建成后闲置情况较为严重，全国农村生活污水处理设施的正常运转率不到20%。除污水处理设施、畜禽养殖污染治理设施等农村环保设施外，乡村道路、水利设施等基础设施管护不到位的情况也时有发生。

农村基础设施后期管护不到位，其表面原因是主观认识不到位、缺钱缺人缺技术，但更深层次的原因是前期项目设计不科学、后期管护机制不健全。在项目设计时，很多国家专项经费“管建设不管运维”，运营维护经费往往需要地方财政负担，而一些地区没有充分考虑后续运维难度，导致项目设计方案与后期运营实际出现严重偏差。同时，农村基础设施建设项目关系到环保、住建、农业、水利等多个部门，有些时候各部门间职责分工不明确，多头管理，目标要求不同，缺乏协调机制，难以形成合力。在后期管护时，很多地区的管护责任不明确，既没有落实到人，也缺乏监督考核机制，还有一些地区不顾现实可行性，将管护责任直接丢给村集体组织。

乡村建设，既要建好，更好管好，切实增强广大农民朋友的幸福感、获得感。

安徽省庐江县汤池镇加强乡村生态环境建设，加快乡村旅游业发展，让美丽村庄成为“网红打卡点”。图为游客在当地粉黛乱子草海旁观光（宫传奇摄影）

要充分发挥基层党组织的引领作用。笔者在基层调研时，发现基层党建做得好的村庄，其卫生环境、基础设施维护等方面往往也做得特别好。当前各地探索的党员积分制、党员服务岗位、网格化管理、积分超市等治理模式的效果非常显著，在乡村建设中要进一步加强党建引领作用，发挥党员干部的示范引领作用。

要将乡村生态环境建设与产业发展相结合。目前乡村人居环境仍然是突出短板，厕所、污水治理等环境建设成本高，如果不能与产业发展相结合，农户自己改善的积极性就不高。调研中发现，在推进农村一二三产业融合发展过程中，特别是在发展乡村旅游的地区，农户自己投资改善的积极性就很高。事实上，不仅要处理好环境与经济的关系，更要处理好政府和市场的关系，政府主要还是关注公共基础设施和服务建设，以此为基础带动市场力量参与，合力推进农村的基础设施项目建设与管护。

坚持规划先行，加强部门间的协调。乡村建设涉及多个部门，如果没有大的规划指引，各干各的，很容易出现各种矛盾纠纷，如水、电、路、网的协调问题，很多时候一条路挖了修、修了挖，反反复复。新时期推进乡村建设，要加快建立经县级部门统筹认定的乡村发展规划和项目建设库，对于有规划的村庄，优先实施重大项目建设。

加强监管体系建设。乡村建设农民是主体，要发挥农民在建设中的监管作用，从项目规划、实施建设、后续维护全过程建立农户参与和监管机制，也要发挥社会媒体等各方面的监督作用，吸引各方力量共同关注农业农村发展。

（作者单位：农业农村部农村经济研究中心。原文刊载于《中国城乡金融报》2021年5月26日B3版）

完善乡村振兴考核评估　优化农村金融资源配置

■王　帅

为全面贯彻落实党中央、国务院关于实施乡村振兴战略的决策部署，引导更多金融资源配置到农村经济社会发展的重点领域和薄弱环节，进一步加强和改进农村金融服务，近日人民银行、银保监会联合发布《金融机构服务乡村振兴考核评估办法》（以下简称《评估办法》）。《评估办法》明确评估对象、评估指标和方法、评估程序、评估结果和运用等具体内容，是考核金融服务乡村振兴的纲领性文件，势必将激励引导金融机构下沉服务重心、创新政策产品、丰富服务模式、提升服务质效。

据银保监会数据显示，截至4月末，全国涉农金融机构近4000家，涉农贷款余额合计超过40万亿元。由于金融机构服务“三农”的定位要求和专业优势各不相同，如何精准衡量金融服务乡村振兴成效是监管部门的一项重要工作。上年4月，人民银行、银保监会对《评估办法》面向社会公开征求意见，经过一年多的修订完善后正式出台。相较于征求意见稿，正式稿对部分指标设置和分值计量进行了一定调整，反映了监管机构的通盘谋划和慎重研究。笔者认为，《评估办法》主要具备以下几个特征：

定量和定性充分结合。在全面推进乡村振兴的背景下，传统定量数据指标难以客观反映金融服务乡村振兴的整体水平。因此，《评估办法》统筹设置了定量和定性共十类考核指标，对贷款总量、贷款结构、贷款比重、金融服务和资产质量等可计量的五类19项指标实施定量考评，占比75%；对政策实施、制度建设、金融创新、金融环境、外部评价五类11项主观指标实施定性评价，占比25%，确保金融服务乡村振兴考核数据算得准、工作推进讲得清。

分组考评科学合理。考虑到金融机构的经营规模和客群结构差异巨大，难以用“一把尺子”全面衡量，因此，《评估办法》依据资产规模、网点数量、客户群体等标准对全国性金融机构实施分组考核。这一安排，一方面有利于激励大型金融机构发挥领头雁、主力军作用，推进服务乡村振兴重点领域尽快扩面上量；另一方面有利于引导中小金融机构发挥体制优势，灵活创新产品模式，提升对新型农业经营主体和小农户等客群的金融服务效率。

广西崇左市有“糖都”之称。当地农行通过给农民发放“惠农e贷”、为糖厂发放流动信贷资金等方式，助力当地农民通过种植甘蔗走上“甜蜜”致富路（黄学森摄影）

结果运用精准有效。考评的关键在于结果应用。《评估办法》提出金融机构服务乡村振兴考核每年评估一次，评估结果分为优秀、良好、一般、勉励四档。为推动正向激励和负向惩罚双向发力，《评估办法》明确金融管理部门要把评估结果作为履行货币政策工具运用、市场准入管理、金融监管评级、机构审批设立、业务范围调整等宏观调控和金融监管的重要参考，督促引导金融机构加大对乡村振兴的支持力度。

结合《评估办法》，涉农金融机构应着力做好以下工作：一是系统做好考评组织推进工作。由于考评范围既涵盖农林牧渔、农村基础设施等传统项目贷款，也覆盖农户等个人客户群体信贷，还涉及特色银行卡发放、互联网支付等新兴业务。因此，金融机构应明确内部部门职责，发挥系统合力，加快补齐短板。二是强化考核指标传导落地。应围绕《评估办法》确定的30项考核指标，及时修订完善现行绩效考核方案，补充完善相关监管考核指标，系统做好考核评估的落地推进，引导分支机构加大相关业务拓展力度。三是加强与监管部门沟通。金融机构应做好日常经验总结，及时向监管部门汇报，展示金融服务乡村振兴工作的措施和成效，争取在定性考评中取得佳绩。四是强化统计数据质量管理。监管部门对评估数据弄虚作假和频繁修改明确了严厉的处罚措施。因此，金融机构应完善统计系统功能，强化数据审核，提高信息报送质量。

（原文刊载于《中国城乡金融报》2021年6月11日A7版）

如何让农村居民青睐掌银乡村版

■ 潘 镭

随着用户消费习惯由线下转移到线上，掌上银行（以下简称掌银）正成为传统商业银行业务线上化的重要载体。近期，农业银行针对乡村居民推出了掌银乡村版，目的是探索数字乡村发展新模式，将掌银乡村版打造成县域农村客户专属的线上金融服务平台。

掌银乡村版将“惠农 e 贷”等惠农客户专属产品配置在掌银首页，体现了简洁、专属、优惠的特点，并突出特有的手续费减免、价值提升、权益活动等功能，便于向广大县域农村客群推广。但要全面提高掌银乡村版的使用半径，还需从基础、特色、优惠等三类服务入手，着重解决客户贷款难、保险难、支付难、理财难、缴费难等问题。

针对种养户、个体工商户、返乡创业人员在生产经营过程中遇到的贷款难问题，建议以办理农户贷款等基础服务为突破口，结合整村推进农户信息批量建档和掌银示范村建设工作，不断完善个人信息并形成征信档案资料。重点对特色产业种养户以及生产、加工、商贸等农村多元业态经营户，开展掌银乡村版营销，解决这类客户群体融资难、融资贵的痛点。同时，通过“贷来好生活”“惠农迎好运”等特色活动，充分展示“惠农 e 贷”在线申请、自动审批、利率优惠、随用随还等便捷服务功能。

针对进城务工人员保险选择难的问题，建议围绕其外出务工等场景，推介惠农保险产品，展现乡村版“安心、稳定”的特色。通过筑福享权益、农保有情谊、领薪有福利等营销活动，突出筑福卡服务费减免、工资到账通知、薪资监管等优势功能。通过公私联动营销，深入企业一线为务工人员在线办理筑福卡、注册掌银。积极推介各类生产生活必备的意外保险，为外出务工人员提供更为安全、安心的金融保障服务。

针对县域农村超市、小卖店支付难的问题，建议围绕惠农代理服务和商圈支付等场景，主推掌银乡村版扫码收款等功能，并通过开展“惠农服务日”等活动，重点宣传掌银乡村版“实用、实惠”的特点。此外，还应在指定商超、餐馆、农资销售点等开展惠农权益活动，客户使用掌银乡村版支付，即可享受满减、立减等优惠。

针对县域和乡村居民理财难的问题，建议围绕其理财金额小、流动性好等诉求，主推惠农理财等服务，并匹配签约享好礼、答题赢奖品等权益活动，利用农银理财“在线签约，1 元起购”等优惠吸引客户在线完成“签约理财”，随机抽取话费券及小豆等权益。另外，还应定期开展“有奖问答”活动，结合惠农客户特点，加大理财知识、操作技巧、产品解读等文章的推送，吸引客户阅读后随时答题抽取权益优惠。

针对县域乡村居民缴费难的问题，建议围绕日常生活，突出掌银乡村版“简单、便利”的特色，推介其办理水、电、交通、话费等生活缴费服务。并通过充值有惊喜、缴费领心意、分享迎新意、新客三重礼、签到赢小豆等优惠活动，让客户在掌银充值缴费后，即可享受随机立减优惠、话费券等权益。

此外，还应充分发挥农行县域网点、惠农通服务点多等线下渠道优势，通过统一张贴海报、发放宣传折页，提高来行客户拉新促活率。依托农村公交站点、中小商超等场所，做好掌银乡村版品牌宣传及特色服务营销。利用微信群、朋友圈、分享等方式开展传播式营销，宣传掌银乡村版典型场景、重点功能、服务亮点等。鼓励以涉农项目、场景服务、对公客群营销等为契机，提升掌银乡村版的客户覆盖面。

（原文刊载于《中国城乡金融报》2021 年 9 月 17 日 A4 版）

统筹财政资金　提升支农成效

■王　帅　王义成

中央农办近日召开落实土地出让收入支农政策和做好财政支农支出工作视频会议，督促推动各地加快落实提高土地出让收入用于农业农村比例政策，为实施乡村振兴战略建立稳定可靠的资金来源。

我国高度重视建立财政支农稳定增长的长效机制。2018—2021 年连续四年中央一号文件都对调整土地出让收入用于农业农村的比例提出了明确要求。其中今年中央一号文件明确，中央预算内投资进一步向农业农村倾斜，制定落实提高土地出让收入用于农业农村比例考核办法。

土地出让收入是地方政府性基金预算收入的重要组成部分。长期以来，土地增值收益取之于农、用之于城，有力推动了国家工业化、城镇化的发展，但直接投资于农业农村比例偏低。据有关部门测算，2013—2018 年全国土地出让收入累计高达 28 万亿元，扣除成本性支出以后，土地出让收益是 5.4 万亿元，占土地出让收入的 19.2%。土地出让支出用于农业农村资金合计是 1.85 万亿元，仅占土地出让收益的 34.4%，远低于城市。

对此，中办、国办于 2020 年 9 月出台《关于调整完善土地出让收入使用范围优先支持乡村振兴的意见》，主要有四个方面特点：一是相对灵活、坚守底线，允许各地政府结合实际按照土地出让收益或土地出让收入的一定比例计提，为避免地方政府虚增土地出让成本、缩减土地收益，若选择以土地收益作为计提基数，应计提数最低不得低于土地收入的

8%；二是加强衔接、统筹使用，打破分项计提、分散使用的管理方式，加强土地出让收入用于农业农村资金与一般公共预算支农投入的统筹衔接，避免对一般公共预算支农投入产生挤出效应；三是强化监督、严格管理，严禁变相减免土地出让收入，严格核定土地成本性支出；四是分步实施、灵活赋权，合理把握改革节奏，明确相关资金主要由市、县政府安排使用，重点向县级倾斜，赋予县级政府合理使用资金的主动权。

可以预见，在各方面政策推动下，农业农村领域投资将会明显增加，特别是高标准农田、农田水利、农村供水保障、农村人居环境整治等乡村振兴重点项目建设进程将会逐步加快。在调整完善土地收入用于支持乡村振兴的进程中，建议政府有关部门积极作为，有效激发金融专业优势，提高资金使用效率，着力做好以下工作：

发挥财政资金杠杆作用，引导金融机构聚焦乡村振兴重点领域，加大配套融资支持。对暂时达不到信贷准入条件的“三农”项目，政府要整合各方资源、成立规范经营主体，鼓励金融机构参与融资咨询，争取满足信贷条件。

健全涉农风险分担机制，财政可从土地出让收入中统筹安排一定规模的资金成立农业信贷担保或风险补偿资金。鼓励有条件的市县财政设立应急续贷周转金，对非主观因素不能偿还贷款的农业经营主体，依法合规给予续贷周转金帮扶。

创新投融资模式，地方政府可主导设立乡村振兴产业引导基金，鼓励金融机构出资参与，吸引社会资本加大直接投资力度，拓宽多元化资金保障渠道。

加强资金运作管理，鼓励创新兼顾“流动性、安全性、收益性”的金融产品，搭建农村“三资”管理平台，促进支农资金稳定增值、规范运作。

推动服务渠道下沉，围绕涉农资金划拨路径，鼓励金融机构优化渠道布局，推动人工网点向人口密集的农村社区和城乡接合部迁建，解决农村基础金融服务薄弱的“痛点”。

（原文刊载于《中国城乡金融报》2021 年 10 月 27 日 B1 版）

金融服务“破圈”之后再“融圈”

■ 蒋利萍

实现农业强、农村美、农民富，商业银行对农户信贷资源的有效供给是重要的促进力量。要有效解决传统农户信贷业务面临的各种制约，在提高农户信贷可获得性的同时实现商业运营可持续，归根结底是要强化金融科技赋能，对传统农户信贷模式进行革新。

笔者所在的贵州省，当地农村信用社推出的“黔农 e 贷”服务模式就顺应了这一趋势。“黔农 e 贷”是贵州农信推出的 7×24 小时服务的互联网贷款平台。依托该平台，贷款、还款行为均可由农户自主发起，不受时间、地点限制，结合线下调查，发挥农信系统客户经理多的优势，避免了互联网金融对农户信息采集不完整的劣势。值得一提的是，“黔农 e 贷”每笔贷款运行成本还不到 5 元，相比线下贷款每笔可节约成本近 100 元。

贵州农信的创新实践代表着乡村振兴金融服务模式的发展趋势。客户经理携带具有定位、人脸识别等功能的便携设备（手机 App、Pad 等）进村入户，开展农户信息档案采集，由系统根据模型核算信贷额度，农户即时可获得贷款。办贷效率提高了，业务成功率也随之提高。事实证明，在金融科技赋能下，农户信贷资源供给实现了迅猛增长。

除了信贷需求外，广大农民其实还蕴藏着丰富的“智慧乡村”服务需求。这个服务领域客户多、业态广、资源足、影响大，亟需商业银行推出功能强大的综合金融方案。在这方面，建设银行凭借自身金融科技、批量获取数据方面的实力，打造出了一种可供借鉴的服务模式——惠民生鲜超市模式。该模式以“龙头企业 + 金融 + 合作社 + 农户”方式投放信贷资金，支持蔬菜基地、物流园建设；通过打造“农产品物流园智慧农批系统”，帮助提升管理效率，降低运营成本；将自身“慧点单”系统与线下 POS 收单系统结合，帮助终端的惠民生鲜超市实现“线上点单、线下配送、及时结算”，形成农产品市场网络。建行综合金融方案解决了农产品从土地到餐桌过程中的众多痛点问题。流通顺畅了，农产品销量上来了，农户的金融需求也增加了，再配以建设银行“裕农快贷”进行支持，农户通过手机银行、微信公众号等渠道登记基本信息就可以申请贷款。

党务村务处理、村民信息管理、乡风文明宣导、外出劳务对接、涉农补贴发放、农产品代销、支付结算、资产增值……乡村振兴过程中，诸多领域都蕴含着“智慧乡村”的服务需求。商业银行的服务“破圈”之后再实现“融圈”，构建起农户信贷与综合金融方案相互促进的服务模式，乡村对于商业银行来说必定会成为可以大有作为的广阔天地。

（原文刊载于《中国城乡金融报》2021 年 10 月 29 日 B3 版）

多措并举　提升农村适老金融服务

■杨　芮

重庆市万州区长岭镇东桥村近日打造的适老化提升改造项目，是重庆市首个农村适老化项目。该项目为推动巩固拓展脱贫攻坚成果与乡村振兴有效衔接、解决农村老年人口养老服务难题、探索符合实际情况的养老服务模式作出示范，成为打造农村养老公共空间的样板。

尊老爱老是中华民族的传统美德，改革红利城乡共享是新时期坚持“以人为核心的新型城镇化”的生动实践。在金融领域，适老化服务也在如火如荼地开展。

2021 年全国两会政府工作报告提出，推进智能化服务要适应老年人需求，并做到不让智能工具给老年人日常生活造成障碍。随后，银保监会下发了《关于银行保险机构切实解决老年人运用智能技术困难的通知》，提出让老年人更好共享金融业信息化发展成果，对银行保险等金融机构在保留和改进传统金融服务方式、提升网络消费便利化水平、推进互联网应用适老化改造、加强老年人金融服务教育宣传和培训、保障信息安全等方面提出要求。广大农村地区的老年人对金融服务的需求更为迫切。笔者认为，银行可以从以下几方面做好农村适老金融服务。

完善网点硬件设施。随着银行数字化进程的加快，“无人化”网点越来越多，但这给农村地区的老年客户带来不便。银行应当在乡镇和农村地区保留一部分适老服务网点，为老年客户尽可能提供便利。例如，设置老年人办理业务专属窗口，设立老年人“爱心座椅”，配置扶手靠垫；在网点大厅的公共区域提供放大镜、老花镜等便民设备，方便老年客户取用；提高老年人办理业务的舒适度，在办理理财业务时，指定专人为老年客户办理风险评估。

为有需要的老年客户提供上门服务。对于一些因腿脚不便、卧病在床、交通不便等特殊情况无法亲自到网点办理业务的农村老年客户，在办理开卡等相对简单的业务时，银行应派专员借助便携式智能服务终端设备和工具，提供上门服务，对于办理理财、存取款等相对复杂的业务，银行应指定授权人替老年客户办理。在城乡接合部或农村偏远地区，银行应部署可移动智能柜台，派出服务流动车、组建流动服务组等，进一步方便老年人办理日常业务。

让适老线上服务渠道更好用。银行应积极帮助老年客户分享数字化时代的红利，重视老年人线上服务诉求。优化手机银行操作，推出微信银行，对于大多数老年人“只会用微信”的情况，可推出掌上银行微信版，实现不需要单独下载手机银行 App、点开微信就能直达线上服务的功能；改造界面，提供手机银行 App 大字版，将老年客户常用项目放到更为显眼的位置；开设人工服务专线，让老年客户能够更加方便地拨打服务热线，智能跳过“复杂”的交互环节，一键接通人工客服。

完善适老金融产品体系。银行及其理财子公司应在财富管理业务方面围绕老年客群进行业务深耕，增加老年客户专属理财产品和存款产品。要充分考虑到老年客户自身的风险属性、资产及收入情况、理财目标需要等，加大产品创新和供给力度，为老年客户提供更多优质、专属的金融产品。

保护老年客户权益。加强老年金融消费者权益保护，通过开展形式多样的金融知识普及，以及一系列主题宣教活动，帮助老年客户更好地提升金融素养和防骗意识。

（原文刊载于《中国城乡金融报》2021 年 11 月 3 日 B4 版）

金融科技赋能乡村振兴正当时

■ 车 宁

据北京贵士信息科技有限公司（QuestMobile）近期发布的2021年全景生态流量年度洞察报告显示，数字化升级趋势下银行类App功能及服务场景不断完善、扩充，流量提升效果显著。银行系产品多以App为主要线上渠道，与全网用户结构相比，工商银行、招商银行在二线及以上城市分布占比较高，农业银行、建设银行用户更多集中在三线及以下城市。笔者认为，乡村市场大有可为，金融科技赋能乡村振兴正当其时。

乡村振兴是新时代“三农”工作的总抓手，金融科技则是数字经济背景下实现乡村振兴的关键助力。通过多年发展，金融科技在吸纳继承信息技术革命先进成果基础上，推动实现了传统金融经营模式创新，彰显了对实体经济的强大服务能力。在金融和科技的双轮驱动之下，正在经历数字化转型的乡村地区势必呈现农民生活富裕、农业转型升级、金融服务提升的良好局面。

在经济发展方面，脱贫攻坚伟大历史任务的完成极大提升了乡村地区经济发展潜力。乡村地区具备了承接数字经济前期发展成果的基础，乡村市场“融资难”“融资贵”等问题有望得到系统性解决。另外，需求旺盛、统一高效乡村市场的形成也有利于金融科技提升产品服务的可得性、针对性和可持续性。

在宏观政策方面，国家先后发布《数字乡村发展战略纲要》《关于全面推进乡村振兴加快农业农村现代化的意见》，提出加快推进数字乡村建设，深入开展乡村振兴科技支撑行动，促进农业农村现代化。人民银行等七部门联合印发《关于组织开展金融科技赋能乡村振兴示范工程的通知》，要求促进金融服务渠道融合发展，加大农业产业金融服务供给，加快金融与民生系统互通，夯实农村建设数字化基础。上述政策的出台在顶层设计层面勾勒了业务发展的蓝图，有利于增强金融机构的发展动力、意愿和信心。

金融科技赋能乡村振兴潜力无限。在零售业务领域，关键是提升服务渠道的有效性和适当性。从乡村地区客户年龄、职业及知识结构的客观实际出发，着力打造乡村“惠农版”专属掌上银行 App 及线下惠农综合服务平台，贴合客户使用习惯。推出线上、智能涉农生活场景支付缴费业务及农户贷款产品，丰富服务生态。

农业银行浙江分行以打造“数字乡村”为抓手，以数字金融服务让乡村更“智慧”。图为浙江省兰溪市马涧镇蒋坞村（马国刚摄影）

在对公业务领域，关键是助力乡村产业的数字化转型和高质量发展。依托数据处理和数据安全等前沿技术，加大对乡村产业经营数据分析，围绕“三农”产业链和乡村生态圈，持续完善涉农金融服务模式和信贷模型，精准对接客户需求，有效识别业务风险。此外，应发挥数据要素和网络经营的“加速器”作用，在农产品进城和工业品下乡过程中创新金融产品和服务。

在民生服务领域，关键是充分参与乡村公共基础设施建设和数字化改造。乡村公共基础设施是金融服务的重要入口、获取客户的重要渠道、数据沉淀的重要场景。金融机构一方面可通过开放银行输出科技能力，助力社保、补贴、医疗、交通、公共事业缴费等重要民生场景在乡村公共基础设施的落地，另一方面可在上述场景接入支付、信贷、理财、保险等相关产品，形成公共基础设施数字化应用的完整业务闭环，便利农民生活，助力农业发展，赋能乡村建设。

（原文刊载于《中国城乡金融报》2021 年 12 月 29 日 B4 版）

第五章

调研真知

编者按：习近平总书记讲过，要了解实际，就要掌握调查研究这个基本功。要做好乡村振兴这项伟大事业，更需要脚踏实地地调查研究，要眼睛向下、脚步向下，扑下身子、沉到一线，真研究问题，研究真问题。感谢《中国城乡金融报》的一批优秀作者，2021年，他们用自己的辛劳与智慧为我们提供了一批高价值的调研文章。

主动作为　积极探索
——对农业银行陕西汉中分行金融服务乡村振兴示范村建设的调研

■ 吴建轩　胡　崇

北依秦岭、南屏巴山的陕西省汉中市，素有“西北小江南”“鱼米之乡”等美誉。2020 年，全市地区生产总值达 703 亿元。近年来，农业银行陕西汉中分行将金融扶贫与服务乡村振兴、推进县域业务数字化转型相结合，加强农村基础金融服务，持续推进互联网金融服务“三农”“一号工程”，全面提升县域金融服务水平，成功打造了西乡县五丰社区金融服务乡村振兴的示范模式。

五大举措

西乡县五丰社区有村民 3642 人，规模养殖场 10 个，百头以上养殖大户 80 户，专业养殖小区两个。该村农民人均纯收入连续三年位居全县前三名，被评为“省级乡村振兴示范村”“省级美丽乡村标准化建设单位”“农业农村部中国美丽休闲乡村”。

汉中分行紧紧围绕该村产业特点，量身定制金融服务乡村振兴的五大举措，助力该村产业发展，得到了当地政府和监管部门的充分肯定。

一是布局基础金融服务。优化拓宽支付渠道，开办惠民“便利店”，实现社区商超电子收款全覆盖。在人口密集、金融交易频繁场所设立惠农通服务点，打通现金取款、转账、查询、贷款循环等服务乡村“最后一公里”。二是精准投放信贷资金。对该村 1293 户村民上门采集信贷需求等信息，建立农户电子信息数据库，完成建档 1267 户，覆盖率达 98%；授信总额约 5000 万元，涵盖 10 个规模养殖场、80 户养殖大户、28 户园区企业带头人；向 91 户村民投放“惠农 e 贷”近 2000 万元。三是强化综合金融服务。该行与“村两委”研究确定发展粮食生产、生猪养殖、药材种植等核心产业的专项服务方案，配套惠农卡、收款聚合码等六大重点产品，解决社区企业信贷融资、电商科技等多方位金融需求。四是铺设智慧乡村“高速路”。推行“智慧党费”项目，实现了社区党员通过农行掌银缴纳党费；打造“智慧校园”，实现了乡村教育相关费用收缴、对账、管理的科技化、规范化；投产“智慧公交”，使农户出行享受农行掌银“一分钱坐公交”特惠政策；推进“智慧扶贫”工程，上线农行扶贫商城，拓宽社区农产品销售渠道。五是广泛普及金融知识。设置乡村振兴宣传区、金融政策“大画廊”、大学生创业示范点等，深入宣传国家方针政策，普及基础金融知识等。

问题及建议

从前期实践看，汉中分行主要面临以下几方面的问题及困难：一是当地农业产业发展的政府主导性较强，农民对政府补贴依赖性偏高。二是农业生产固有的周期长、风险高、见效慢等特性，使一些政府部门对于农业产业发展的支持政策偏重于当下“短平快”。三是农村基础设施薄弱，抗灾能力不强。四是农业产业集群化程度不高，产业结构多集中在种植养殖环节。五是不少农民习惯沿用传统方式从事农业生产，现代化农业新技术成本高、推广应用困难，科技成果转化率低，农业生产效率和效益有待提高。六是新型经营主体整体带动能力不强。

针对以上问题，汉中分行未来应重点加大对以下几方面的支持力度。

农业产业扶贫。坚持精准扶贫精准脱贫方略，按照“四个不摘”要求，持续加大产业扶贫信贷投放，支持带贫主体提质增效，推广和强化“银行让利、企业带动、贫困户受益”的扶贫利益联结机制，帮扶带动更多贫困户稳定增收脱贫。

粮食和生猪生产。大力支持高标准农田建设和标准化规模养殖，重点发展种植基地、原粮收购、仓储、烘干装备及技术服务，服务“加快生猪生产恢复发展三年行动”，助力实现农业稳产增产、重要农产品有效供给。

特色农业产业。突出支持果业、畜牧业、设施农业以及区域特色产业，大力推广产业链金融服务和“金穗陕果贷”系列产品。支持特色农产品仓储保鲜冷链设施建设，聚力打造“政、银、担”三方合作模式，支持建设一批农产品仓储保鲜冷链设施、一批新型主体经营的田头市场。

农村人居环境整治。围绕县域经济发展和新型城镇化建设，聚焦村庄整治、农村生活垃圾、生活污水、“厕所革命”，大力支持城乡供水、污水治理、垃圾处理等重点项目，推动农村基础设施与城市接轨。

“三农”领域补齐短板。因地制宜推动农村公共服务设施改扩建；加大重点水源工程及民生水利工程信贷支持；围绕“吃、住、行、游、购、娱”等旅游产业链，创新推广农行智慧旅游平台等产品；支持县域工业化项目，提升产品竞争力；支持医药、医疗行业龙头企业和县级重点医院、养老产业龙头企业及医养结合型养老机构和县域高级中学、高等职业学校发展。

（原文刊载于《中国城乡金融报》2021 年 1 月 13 日 B2 版）

内外联动　综合经营

——对农业银行河南分行以“惠农 e 贷”助力农户生产的调研

■ 史志军

近年来，农业银行河南分行深入贯彻落实乡村振兴战略，加快数字化转型步伐，逐步建立了农户信息数据库，信贷支持农户发展生产，实现了“惠农 e 贷”快速发展。截至 2020 年末，“惠农 e 贷”余额 70.23 亿元，较当年初增加 47.26 亿元，增速达 205.76%，贷款农户超 10 万户。

做法和成效

抓重点突破，加快“惠农 e 贷”扩面上量。一是加强银担合作，细化合作方案，联合开展业务培训，建立问题协商机制，组织推动了业务落地。截至 2020 年末，“惠农 e 贷·惠农担”余额达 11.02 亿元。二是强化抵押担保，以资源丰富的城区和城郊结合区域为重点，瞄准专业大户、家庭农场、农村个体工商户、农村私营企业主等优质农户，加大宣传力度、开展精准营销。截至 2020 年末，该行投放抵押、质押类“惠农 e 贷”2.13 亿元。三是将农户信息档案、核定授信额度、白名单审查审批、申贷办贷等全部环节纳入线上化流程内运作，积极打造了“农户信息建档 + 全线上化办贷”模式。截至 2020 年末，通过建档发放“惠农 e 贷”2.52 万户，累放金额 20.28 亿元、余额 16.73 亿元。

抓活动帮扶，深入推进农户信息建档。一是开展示范引领活动，省市分行部门挂点帮扶、蹲点指导，在全行范围内打造35个农户信息建档“示范镇”、240个“示范村”。二是开展农户信息建档攻坚行动，在全行范围内组建了500余支建档小分队，发扬艰苦奋斗精神，走村入户开展农户信息建档。截至2020年末，建立行政村档案1.08万个、农户信息档案27.56万户。三是开展帮扶行动，省市分行组织业务骨干深入经营行，分片包干，规范建档流程，解决系统操作问题，有力促进了业务发展。

抓机制建设，加大资源倾斜力度。一是建立激励约束机制，对“惠农e贷”、农户信息建档配置专项工资费用，将“惠农e贷”纳入“三农”金融事业部考核、二级分行主管行长履职考核等内容。二是设置“惠农e贷”提前完成任务奖、支行贡献奖、农担合作奖、先进个人奖等奖项，通过表彰先进，激发干事创业活力。

问题及建议

从河南分行“惠农e贷”业务开展情况来看，在持续规范建档操作流程、加快扩面上量的同时，还面临以下一些问题亟待解决。一是受传统的“怕露富”“好面子”思想影响，以及农村业态繁多等因素，农户资产负债数据难以准确计量。二是目前对农户数据的采集主要依靠走村串巷、一户一户采集信息，工作效率较低。三是部分经营行未能有效整合个贷、对公等客户经理队伍，未充分调动机关、网点人员建档的积极性。针对以上问题，建议河南分行加快实施内外联动、数字化转型和综合经营，推动业务高质量发展。

实施内外联动，促进业务发展。一是积极对接农业农村、大数据管理局等政府有关部门和数据平台，批量获取农户信息，为农户信息建档提供佐证信息；利用政府网络、农村“双创”大赛等平台，有针对性地宣传讲解“惠农e贷”产品，扩大产品影响力。二是把“惠农e贷”作为一项重要考核指标，纳入全行“春天行动”“万马奔腾”等活动中，撬动对公、零售业务发展。

加快数字化转型，打造作业新模式。一是建立大数据平台，整合行内客户多维度信息，实现全行数据资源、产品系统的融通共享，在农户信息建档时对行内客户信息实现直接调用，提高工作效率。二是深化与政府有关部门、产行业协会等外部力量合作，搭建信息共享直连渠道，及时掌握信息，获取多维度农户信息。三是持续传导发展理念，严格执行建档程序，规范应用手机App等移动工具开展贷前调查，借助技术手段实时识别客户身份，规范留存佐证材料，做到资产、收入、经营数据有据可依。四是严格落实“村两委”推荐、村民评议、集中合议三个规定动作，充分发挥集体决策、相互监督、系统管控的作用，有效控制操作风险。

开展综合经营，提高价值贡献。一是把“惠农e贷”产品作为连接客户、建立感情的桥梁和纽带，在做好“惠农e贷”推广的同时，同步做好“惠农e贷+”，满足客户多样化、综合性金融需求，开展“惠农e贷”客户增值服务，增强客户黏性，把客户培育成为农行的忠诚客户。二是以农户信息建档为切入点，为建档客户、村内企业、集体经济组织等提供个人金融服务、“三资”平台服务等一系列综合服务方案，不断提高产品交叉营销渗透率和综合回报。

（原文刊载于《中国城乡金融报》2021年1月20日B2版）

一县一园一服务方案
——对农业银行广东分行金融服务农业产业园的调研

■ 谭　琼　蔡龙聪

现代农业产业园集聚了“三农”发展的优势区域和先进业态，代表着现代农业发展方向，对实现农业经济快速增长和乡村振兴至关重要。农业银行广东分行紧扣乡村振兴重点领域，围绕现代农业产业园“生产+加工+科技+营销”全产业链，突出“一县一园一服务方案”，持续深化服务内涵，创新工作机制，为现代农业产业园提供便捷、高效、差异化的综合金融服务。截至2020年末，该行实现省级现代农业产业园服务全覆盖，为园内2万户各类经营主体提供全方位的金融服务，贷款余额118.9亿元，贷款规模和增量领先广东同业。

做法和成效

在充分摸清各地产业园建设规划、支持政策、发展模式和企业需求的情况下，广东分行结合每个现代农业产业园特点和区域环境，逐一制定金融服务方案，以解决农业客户贷款难、担保难、手续繁、效率慢、融资贵等痛点难点为目标，强化产品和服务创新，着力提升金融服务能力。

出台信贷支持新政策。围绕产业园客户融资需求，重点在客户分类、评级、授信、担保以及增信等方面，实行特殊信贷支持政策。此外，将产业链场景作为园区重点服务场景，对产业链条长、市场竞争力强的核心企业开展场景综合推进，批量服务上下游小微企业和个人客户。

研发特定主体新产品。创新推出“农业龙头贷”“实施主体贷”“农园微e贷”等专项信用产品。“农业龙头贷”对具备一定资产规模的优质企业，允许办理500万元至5000万元的信用贷款；“实施主体贷”是广东金融业首款针对产业园实施主体的专项信用产品，对有财政补助的实施主体可以按照财政资金到位金额，配予期限不超过3年额度最高500万元的信用贷款；“农园微e贷”则是专属产业园小微客户群的线上融资产品，适用于产业园的种植养殖、加工、流通、销售等全产业链条上的小微客户，具有线上自助操作、利率优惠、随借随还、纯信用办理等特点。

广东省湛江市徐闻县是我国菠萝生产第一大县，有“中国菠萝之乡”的美称。农行湛江分行创新推出“菠萝e贷”，支持菠萝产业发展壮大（李彬春摄影）

拓宽线上服务新方式。积极引导园区小微企业和农户通过线上渠道办理融资业务；设立农产品生产保供金融服务专区，进一步畅通线上供需对接，助力解决农资、农产品购销问题。此外，联合省农业农村厅共同探索建设开放共享的农业产业园信息服务和管理平台，通过连接政务、银行、合作企业系统，为农企和农户提供集金融、信息、政务、管理等于一体的综合服务，有效延伸产业园业务营销触角，优化客户体验。

开辟信贷审批新通道。配足配强服务团队，实行“一园一团队”对接，对园区贷款项目配置专职客户经理，执行审查审批优先办结制度，提升客户服务效率。根据产业园成熟程度、产业特征、实施主体强弱等情况，细化金融服务措施，提升精细度和针对性，确保成熟一个、推进一个、见效一个。

实施贷款利率新优惠。根据客户类型和资质，最低可执行同类型客户最优惠贷款利率，切实降低园区经营主体的融资成本。

问题及建议

在金融服务现代农业产业园的过程中，广东分行也遇到了一些问题：一是园区配套支持措施还有待进一步完善。目前，一些园区基础设施建设薄弱，存在建设用地不足、公共服务配套设施不够、农村土地流转不畅等问题，制约了银行对园区的建设支持。二是园区客户融资担保难问题仍存在。现代农业产业园企业和农户普遍存在经营规模不大、缺乏有效抵质押物、抗市场风险能力弱等特点。银行虽然可以针对部分优质主体放宽准入条件和担保要求，但难以从根本上解决经营主体的融资担保问题。三是农业信息数字化建设有待加强。

为全面做好产业园金融服务，结合当前业务推进过程中遇到的问题，建议从以下几方面改进。

明确细化政策措施，搭建良好发展平台。建议政府完善园区基础设施建设，搭建公共服务平台，对入园企业落实用地等优惠政策；结合产业园的区位条件、资源禀赋和承载能力等因素，在融资、建设、运营、管理和服务机制等方面，加强探索创新，推动产业向区域集聚、项目向产业园集中。

加大增信支持力度，助力化解融资担保难题。建议设立园区风险补偿基金或担保基金，对入园企业予以增信，进一步解决抵押担保难题；适当加大对入围企业的财政补助力度；省农担公司对省级农业产业园区内客户，进一步扩大担保覆盖面、降低担保费率、提高单户担保额。

完善联动交流机制，协力共建智慧农业产业园。银政双方在产业园规划共商、平台共建、数据共享等方面加强通力合作，共同研究解决产业园建设中的问题和困难。加快推进“三农”数字化建设，以建设智慧产业园服务平台为抓手，共同建立和完善农业经济基础数据库，进一步拓宽园区客户的线上服务渠道。

（原文刊载于《中国城乡金融报》2021 年 2 月 3 日 B2 版）

聚焦新型主体　解决融资难题

——对农业银行江西上饶余干县支行金融助力乡村振兴的调研

■ 周锋荣

余干县位于江西省东北部、鄱阳湖南岸、信江下游，水源充足、水质优良，是典型的“鱼米之乡”。近年来，当地大力发展稻虾共作、芡实种植、菌菇种植、光伏发电等特色产业，形成了“一乡一产业、一村一基地”村集体产业发展新格局。农业银行江西上饶余干县支行因地制宜做好金融服务“三农”工作，持续加大对家庭农场、专业大户、农民专业合作社等新型农业经营主体支持力度，扩大普惠金融覆盖面，引导金融资源向乡镇和实体经济薄弱领域倾斜，助力乡村振兴。截至今年 6 月底，该行涉农贷款余额达 22.57 亿元，有力地推动了县域新型经营主体发展壮大、农业产业升级、农民增收致富。

做法和成效

积极开展“上网下乡”行动。深入推进互联网金融服务“三农”工作，组织惠农业务专业团队，进村入户宣传推广“惠农 e 贷”等产品，积极对接符合条件的农户，实施精准营销，有效解决了农户担保难、贷款难的问题。

大力支持新型农业经营主体。一是加大对种植业、养殖业家庭农场、专业大户及专业合作社的贷款投放力度，切实帮扶了一批新型农业经营主体扩大生产规模、提高经营效益。二是创新信贷模式，加大对农业产业链上下游中小企业的金融支持力度，有力地推动了县域农业实现规模化、产业化发展。

整村推进农户信息建档。截至目前，该行在全县372个行政村，完成行政村整村建档247个；农户信息建档6099户；金融机具覆盖率达95%。

问题及建议

从余干县支行前期金融助力乡村振兴的实践来看，取得了一定成效，但受农村金融环境欠佳等因素影响，仍存在金融产品和服务创新不足、金融政策宣传普及不到位、涉农信贷风险控制难度较高、发展绿色金融的意识不强等问题。笔者认为，要实现乡村振兴，应建立健全政府、市场与社会协同推进的工作体制，精准发力，打出乡村振兴的“组合拳”，进一步发挥金融在乡村振兴上的积极作用。

加大金融产品和服务的供给力度。一是从乡村实际出发，创新金融产品运营模式，研发基于农村集体资产收益权、股权的新型抵质押担保产品，推出休闲农庄贷款、乡村养老贷款等特色信贷产品。二是针对专业合作社、种植养殖大户等新型农业经营主体，创新信贷产品，助力农业规模经济效益提升。三是对农户、龙头企业及外出务工人员，开展动态建档，因户施策。四是结合农业生产的季节性特征，实施精细化、差异化定价，提供更有针对性的金融服务。

加强金融知识宣传普及。加大对农户的诚信教育力度，通过树立典型的方式，大力宣传信贷资金的有偿性，进一步提高农户的诚信意识。持续开展“送金融知识下乡”活动，通过宣传栏、宣传手册、集中宣讲等方式，向农户宣传金融产品的申办条件、办理流程，引导农户能用、会用、爱用金融产品。充分利用金融知识宣传教育的有效资源，促进行业间多方合作和信息交流，如建立行业间宣传资料库，共享宣传素材和典型案例等。

农业银行江西余干县支行支持农户在荒山种植油茶树，拓宽收入来源，助力百姓走上致富之路（周锋荣摄影）

强化贷款风险控制。一是加强贷后管理。贷款发放后，应采用电话、短信和入户等方式，及时开展贷后检查。二是进一步加大与政府、法院、工商、税务和金融监管等部门的合作力度，借助“村两委”、驻村干部、农村信息联络员等力量和第三方数据平台，完善农户信用信息档案。持续开展信用乡镇、信用村、信用户的评定工作，联合当地政府、人民银行，推出“星级农户家庭 + 文明信用农户 + 授信”的信用评级新模式，将农户的信用程度和资产数量纳入评级标准体系。

发展农村绿色金融业务。一是加大绿色信贷在农村及涉农领域投放，重点助力绿色农业技术开发及应用、节水灌溉工程、农田基础设施、现代农业等领域。二是围绕农业向绿色化、低碳化转型发展的新趋势，着力支持农村秸秆发电、沼气发电等清洁能源项目，择优助力农村水污染防治、固体废弃物和垃圾处置等环境治理项目。三是加大对生态旅游、节能减排和绿色农业等新兴领域的支持力度，全力打造生态乡村，满足绿色、低碳农业发展的金融需求。

（原文刊载于《中国城乡金融报》2021 年 8 月 4 日 B2 版）

综合服务　以质取胜

——对农业银行天津分行营销推广“三资”平台的调研

■ 陈亚峰

农业银行天津分行着眼乡村振兴战略，紧跟区域农村集体经济改革步伐，密切对接天津市农业农村委员会，着力构建全市一体化农村集体资产管理信息系统（以下简称“三资”平台），打开村级组织金融服务的新局面。今年5月初，该行与天津市农业农村委员会签订“三资”平台合作协议，成为在2021年为全市3600余家农村集体经济组织上线“三资”平台的唯一金融机构。截至7月末，该行新增村级组织账户1320户、初期已带动存款1.6亿元。

做法和成效

密切对接，建立系统化合作。针对天津市农委管理层级特点，天津分行不同层级分别对接，逐步建立起“农行+农委”的系统性合作关系。市分行对接市农委，搭建“总对总”沟通机制；辖属支行对接各区农委、涉农街镇，全面摸清“三资”管理现状、业务需求，建立起“分行—市农委、支行—区农委、网点—涉农街镇”的三级服务网，并最终锁定独家在全市推广上线“三资”平台的村级组织账户营销窗口期。

以客为主，满足差异化需求。天津分行紧盯农村集体资产清产核资、确权到户后“三资”管理领域的新需求，针对市农委实现全市“一网管理”的总体规划，及时提出对原有“天津市农村集体资产管理信息系统”进行升级改造的整体系统建设方案。该行联合市农委深入集体经济组织了解差异化需求，针对“村账镇管”的实际，创新了“银农直连”功能，助力实现村级财务管理、资金支付的规范化、线上化、便捷化，同时为深度绑定村级组织账户创造有利条件。

综合营销，提供多元化服务。天津分行以“三资”平台推广上线为切入点，以村级组织账户营销为落脚点，积极为各级农委提供综合性金融服务方案，有力开展一体化营销。该行深入挖掘农村、集体经济组织、农户等不同客群的金融服务需求，通过多元化举措提升合作的广度和深度，有力地带动了存贷款、个人金融、网络金融等业务协同共进，切实提升在涉农领域的金融服务能力和水平。

问题及建议

目前，天津分行“三资”平台营销推广取得了阶段性成效，但也面临一些问题和困难。主要表现为：一是相关政策存在不确定性。“三资”监管工作属市农委职责范围，但村级资金、财务主要由镇级政府管理，多头管理的现状给未来“三资”平台的实施造成一些不确定性。二是“三资”平台业务具备较强的地缘特点，因此该行在拓展业务时面临传统村级组织开户行的市场竞争。针对上述问题，笔者提出以下几方面建议。

综合研判，找准“关键点”。在“三资”平台上线、推广过程中，应持续加强与政府主管部门的对接，就系统功能、上线安排、推广计划等进行细致沟通，实际掌握后续政策动向，将政府主管部门工作计划与“三资”平台营销推广有机结合，将政策不确定性造成的潜在风险降到最低。在推广过程中，应精准把握营销重点，以区农委为主要切入点，以街镇政府为主要营销对象，争取各街镇的合作与支持，力争通过区农委牵头实现与各镇的集中对接，实现批量营销获客。

以质取胜，做好“服务生”。积极整合涉农金融产品嵌入“三资”平台，进一步提升系统的金融服务能力和质量。充分联合系统服务商，做好客户存量数据的迁移、新系统上线和后续服务，在营销过程中凸显出本行的涉农金融产品优势。重点关注客户目前的难点和痛点，大力挖潜客户的潜在需求，重点满足客户的差异化需求，持续跟进配套服务和后续服务。此外，在“三资”平台推广过程中，可组建由机构、公司、普惠、“三农”、科技等多条线的“三资”平台柔性团队，通过前后台、分支行有效联动，发挥金融科技产品的最大效能。

综合服务，用好“敲门砖”。在“三资”平台推广过程中，应注重综合性营销、全方位服务，将“三资”平台与其他涉农产品有机结合，为区、镇、村三级政府提供一揽子综合金融服务方案。以“三资”平台为切入点，综合运用设施农业贷款、农户小额贷款、“惠农 e 贷”、社保卡、惠农卡、惠农信用卡等多种对公、个人涉农产品，实现深度合作、深度融合、深度绑定。

（原文刊载于《中国城乡金融报》2021 年 8 月 25 日 B2 版）

创新赋能　补链强链

——对农业银行江苏镇江京口支行产业链金融助力乡村振兴的调研

■ 夏秀平　戴舜水

在长江北岸，有一座与镇江隔江相望的半岛型沙洲——镇江“飞地”新民洲。多年来，从农场到园区，这里已经成为国家一类开放口岸、全国最大木材单体进口港。农业银行江苏镇江京口支行紧紧围绕当地政府将新民洲建设成“全国木业第一港”的目标，创新金融产品与服务模式，支持新民洲临港产业园打造涵盖木业贸易、初加工、精深加工的木业全产业链，携手政、企共同探索走出了一条乡村振兴的高质量路径。截至 9 月末，该行累计投放贷款近 5 亿元。

做法和成效

完善服务方案。该行密切与园区上游核心企业合作，以发展供应链金融为重点，探索解决中小企业融资难、融资贵问题。2020 年，该行主动对接，多方协调，组建银团并发放 9 亿元贷款，助力企业加快建设标准化厂房，补齐基础设施短板，优化营商环境。2021 年 4 月，该行又联合上游核心企业现场办公，就授信期限、贷款额度、贷款利率、抵押担保方式等中小企业最关心的问题开展深入交流，提供完善的多元化金融服务方案。截至 9 月末，已有 20 家企业签约入驻园区。

改进作业模式。该行综合考虑园区在行业、产品、设施等方面的独特优势和入驻中小企业的经营规模、市场地位及其在“产、供、销”等方面的共性经营特征，以“一项目一方案一授权”的模式为木材加工产业集群定向“输血造氧”。该模式“一次申报、批量授信、循环使用”，不仅大幅提高了业务办理效率，缩短了客户等“贷”时间，而且有效提升了服务中小企业的覆盖面，极大地优化了客户体验。

农行江苏镇江京口支行创新作业模式，
通过“银团贷款＋供应链融资＋结算”方式支持
江苏新民洲临港产业园木业全产业链发展（戴舜水摄影）

创新抵质押方式。该行根据园区入驻中小企业普遍缺少房地产抵押、大部分采用订单式销售的实际情况，在全省农行系统内首次采用“自有原木质押担保＋上游企业存货监管和回购”的方式，发放流动资金贷款230万元，实现了供应链融资的实质性突破。截至9月末，该行采用此方式共为8户入驻中小企业发放普惠贷款2300余万元。

存在的问题

尽管取得了阶段性成果，但该行要想在产业链金融助力乡村振兴上发挥更多、更大作用，仍有诸多问题和难点亟待解决。

产业链合作“深度”还需进一步延伸。该行的供应链金融目前主要集中在产业链的中间段“木材初加工（制造）”上，上游的木材进口（贸易）、下游的产品销售（贸易）及中间段的木材深加工等业务合作尚属空白，全产业链合作模式、方式、路径需进一步探索实践。

业务合作领域的“宽度”还需进一步扩展。当地政府积极开展智慧园区建设，但该行现金管理平台、银客链接系统、企业网银、智能停车等智慧场景建设尚未取得实质性进展；且当前的业务合作高度集中于融资，投贷联动、财富顾问、投资理财、新型消费金融等服务需进一步精准对接。

项目推进的“力度”还需进一步加大。授信方案未能紧密结合企业实际经营期限、业主资质、综合利率水平等现实因素，项目质效与上级行“服务客群覆盖最广、用信份额最大、产品渗透最多”的要求，仍有一定差距。

启示与建议

充分发挥核心企业的监管作用。应联合、督促产业链核心企业加强押品（原木）和信贷资金流向的有效管理和监督，确保精准投放、有效控制存货质押融资风险，并通过专户管理、协议扣款或受托支付等手段监控应收账款回笼。

注重提供政策支持和业务指导。管理行应对供应链融资业务给予规模保障、优惠利率、专项激励等支持政策；从“探索乡村振兴的农行路径，培植农行业务经营新的增长极”的高度和角度提升拓维层级，强化高层对接，实施源头营销，注重联合政、企各方力量共同健全风险分担补偿机制；加强金融科技创新力度，通过技术手段更好地掌握核心企业与上下游企业的风险变化情况；研发推广更多“e贷”产品，加快构建线上和线下有机结合、协同推进的立体化服务渠道，逐步实现项目下普惠金融服务的平台化、数字化、智能化。

切实履行调查、贷后管理等职责。应强化与工商、税务、水电、通信等部门数据的整合和共享，更加准确、全面地掌握企业真实的生产经营状况和服务需求，对贷后检查中发现的风险预警信号要及时查明原因并妥善处理。鉴于贷款担保方式多为原木质押，还应密切关注原木价格变动和国家木材初加工行业政策等情况，及时调整授信额度。此外，应扎实贷前调查，确保贷款用途合法合规，进一步规范操作，确保贷款资金专款专用。

（原文刊载于《中国城乡金融报》2021年10月20日B2版）

第六章

数字乡村

编者按：数字乡村建设既是乡村振兴的战略方向，也是数字中国建设的重要内容。“十四五”是数字乡村全面“布局”和重点“破局”的关键阶段。如何推动农村信息化从“盆景”走向“风景”？加强农业农村信息化顶层设计和政策创设尤为重要。此组“建设数字乡村　助力乡村全面振兴”系列报道，介绍部分数字乡村建设先进县（市、区）的经验做法。

德清：数字乡村建设的先行者

■ 胡杰华

德清位于浙江省湖州市，地处长三角腹地，山水好、经济强、农村美、百姓富，是全国综合实力百强县、浙江省首批美丽乡村示范县，联合国首届世界地理信息大会的举办地，农业现代化发展水平连续 5 年位列全省各县（市、区）第一，连续 2 年被评为全国县域数字农业农村发展水平先进县、排名全国第一。近年来，德清县着力推进数字乡村建设，整合各种资源，充分挖掘数字经济潜力，探索出一条以数字赋能撬动乡村振兴的新发展路径，成为信息技术的集聚区、数字乡村建设的先行者。

开展“数字革命”

德清县非常重视数字乡村发展，以地理信息技术为基础，围绕农村全域和农业生产全产业链，开展大规模“数字革命”，着力推动县域农村生产、生态、生活全面转型，加快实现县域乡村治理数字化平台全覆盖，全面完成农业产业数字化改造。

政府高度重视。县委、县政府深入贯彻落实《中共中央办公厅、国务院办公厅关于印发〈数字乡村发展战略纲要〉的通知》精神，结合县域实际，把数字乡村作为数字县域的优先行动，制定了切实可行的实施方案。充分发挥县委书记是乡村振兴“一线指挥长”的作用，在干部配备上优先考虑，在要素配置上优先满足，在资金投入上优先保障，在公共服务上优先安排，为数字乡村建设奠定了基础、汇聚了要素、凝聚了力量。

加强统筹规划。依据不同地区类型，尊重各地乡村特点和信息化发展规律，因地制宜分类推进。按照点、面、线布局数字乡村建设，“点”就是“十园百点”，即农业智慧工厂、智慧园区等。“面”就是“数字乡村一张图”，主要聚焦乡村治理重点和难点。“线”就是农业全产业链，按主导产业进行分类，成熟一条建设一条，目前已经形成了果蔬、畜牧、水产、粮食、早园笋、茶叶六条从生产到销售的数字化产业链。

浙江省湖州市德清县积极开展农村环境卫生全域整治工作，

努力营造干净整洁、文明有序的乡村宜居环境（柳风摄影）

创新体制机制。德清县围绕乡村治理数字化相继出台了一系列实施方案、建设规范，发布了国内首个乡村治理数字化地方标准规范——《乡村数字化治理指南》。同时，建立了高效的决策协调机制，明确了县主要领导抓总、分管领导具体抓、农业农村局和大数据局双牵头的组织领导机制和“技术专班＋业务专员”的周例会工作推进机制。

强化数据共享。以需求为导向，制定数据归集目录，有效归集空间规划、地理信息、自然环境等基础数据，构建数字乡村、地名地址等专题数据库。实现时空信息、基层治理、智慧交通、垃圾分类、污水处理等数据的实时共享、集成应用、互联互通。以电子地图、遥感影像、三维实景地图等空间数据为基底，叠加各部门数据图层，打造融合空间数据和公共数据，覆盖全县域的三维矢量地图和应用工具，为数字乡村建设提供统一的数字化全景图。

弥合数字鸿沟

德清县在“数字乡村建设”中所采取的创新举措，有效缩小城乡差距，取得显著成效。

推动农业生产智能化。截至目前，共建成智能农业示范区 10 个、智能农业示范基地 100 个，完成数字化融合农业项目 18 个，县域农业生产效率平均提升 50%。在全国率先开展水产养殖智能管理应用，通过传感器对环境监测实现智能化管理，现已推广 3300 余个鱼塘，覆盖 2 万余亩，辐射面积 10 万余亩。2019 年，德清农业生产数字化水平达 97%，其中设施栽培和畜禽养殖已全部实现数字化改造。

推动农业经营网络化。充分发挥互联网优势，不断延长产业链、提升价值链、完善利益链，让农民、村集体分享全产业链增值收益。打造农村电商产业园，推动青虾、黑鱼等农产品产业链，盒马鲜生示范基地和供货基地的建设。2019 年获浙江省商务厅认定电商镇 3 个、电商专业村 10 个，农村电商创新创业氛围愈加浓厚，全县电商服务站点行政村覆盖率达 100%。培育农村电商从业人员 550 余人，为农村电商带来新理念、新模式。2020 年上半年，德清县开展了百场网红直播带货活动，电商销售额达 21. 1 亿元。

推动乡村治理数字化。依托城市大脑，对乡村历年布设的各类传感设备进行整合，打造数据资源池，为乡村治理数字化提供数据支撑，推动乡村规划、乡村经营、乡村服务、乡村环境、乡村治理五大领域数字化。建立数字治理应用支撑体系，创新建设了首个农村环境卫生全域整治智能监管系统——德清·居系统，实现对全县 141 个行政村全域环境卫生点位每年六次检测。通过“浙里办”，以及面向基层干部的“浙政钉”“掌上基层”等 App 和小程序，打通各层面线上互动渠道，实现行政村“雪亮工程”覆盖率 100%，城乡在线办事率 100%。新冠肺炎疫情期间，通过多终端应用融合，助力疫情防控工作和企业复工复产，形成“平时综合管理、战时应急指挥”的县域（乡村）数字治理中心。

（作者单位：农业农村部信息中心。原文刊载于《中国城乡金融报》2021 年 2 月 3 日 B3 版）

江夏：点燃农业农村高质量发展“数字引擎”

■ 耿墨浓 陈超志

武汉市江夏区地处长江之滨，素有“楚天首县”之美誉，入选2019年全国百强区、国家数字乡村试点地区，连续2年被评为全国县域数字农业农村发展水平先进县。

近年来，江夏区围绕“管电物游”四个方面搭建区级农业综合信息服务平台、农业GIS（地理信息系统）、农业农村电商综合服务站、农业电商监测平台、农业物联网应用示范等，着力实现农业农村信息化、数据化、在线化管理与服务，为全国数字乡村建设提供武汉江夏样本。

以“管”治农

江夏区充分利用重大工程、平台、专家、技术、信息等资源优势，打造智慧化农业公共服务体系。

深入实施信息进村入户工程。按照区级统筹，街为主体，村为基础，社会主体运作、合作共赢的建管体制，建成109个益农信息社、1个区级运营中心、1个乡游小镇、9个乡镇级标准社、49个精准扶贫站点，实现了涉农街道全覆盖、重点企业全覆盖、贫困村和特色产业村全覆盖。

搭建12316综合信息平台。依托全国农业系统公益服务专用号码12316，开发上线益农信息社网站、农业信息采集系统、专业服务管理系统，实现12316服务向街、村和企业的延伸，促进解决农业科技信息服务“最后一公里”问题。

组建大农业专家联盟。涵盖农业农村各领域，建立交流会商、信息共享机制，全方位提供“三农”服务。拓展线上线下服务渠道，研究和制定阶段性农业生产计划，组织应对农业病虫害、自然灾害提前预警与灾后自救。2019 年，发送农业灾害预警短信约覆盖 10 万人次，发放农业科学技术宣传册 3000 份，开展科技“三下乡”18 次，惠及农户近万户。

以“电”促农

多方联动协力发展农业农村电子商务，为疫情防控、复工复产、经济恢复、扩大消费提供强大动力。

建设一批电子商务服务站点。以企业、涉农街道、产业特色村和贫困村等为重点，建设了 160 个村级电子商务服务站、6 个扶贫网店、8 个电商专业行政村。

扶持一批农业农村电商主体。积极发展农业农村电商新型经营主体，培育了江夏好为家、武汉和缘百果蔬等一批具有较强辐射带动作用的电商企业、电商园区、地方特色馆等主体，探索“基地 + 城市社区”直配模式，开展农产品线上销售。

搭建一个电商平台。新冠肺炎疫情期间，为有效应对小区封闭后的菜篮子产品供给问题，搭建了区级保供商城平台，平台首日订单量即达 2500 余份，订单金额达 13 万元，累计订单量逾 10 万单，订单总额突破 1000 万元。2019 年，全区农产品网络交易额突破 2.2 亿元。

创建一批农业电商品牌。依托区级农产品电子商务平台“荆楚农网”，打造了“夏金龙”等一批电子商务品牌，开展线上销售，搭建线下展示展销区，2019 年，线上线下销售额近 3000 万元。

培育一批电商人才。依托农民职业技能培训中心，设立 1 个区级农产品电子商务培训基地、2 个农业电商孵化基地，以培养会上网、善用网、能经营的农业农村电商人才队伍为目标，按照专业型、引导型、普及型三种培训方式，开展农村电商培训 2 万多人。

以“物”助农

大力推进以物联网为代表的新一代信息技术深入应用，积极探索智慧农业发展新路子。

创建农产品质量安全追溯体系。搭建区、街两级农产品质量安全信息化监管平台，12 家街道级农产品质量安全监管站、61 家农产品生产企业全部纳入追溯系统监管，实现规上农产品生产企业追溯监管全覆盖，农产品质量安全抽检合格率保持在 99% 以上，成功创建国家农产品质量安全区。

打造智慧农业示范园。以设施园艺、畜禽水产养殖、水利设施等为重点领域，推进农业物联网技术集成应用。建成 2 处高科技现代农业物联网技术应用综合示范基地，10 家智能化农业生产企业，在两家规模以上生猪养殖企业打造了自动饲喂、饮水和环境监测等全程自动化养殖模式。

改造农业生产经营环境。改造升级植保、土肥、气象、水域等生产环境数据智能监管站 30 个，一大批农业企业安装了生产环境视频监控。

绘制乡村数字农业地图。在江夏区山坡街先锋村试点建设乡村数字地图项目，利用农业产业、地块、地形地貌、气候等信息绘制乡村数据图，实现空间规划、乡村产业等“一张图”资源的集中展示。

以“游”富农

充分利用多媒体技术和手段，全方位、立体化、矩阵式宣传推广乡村休闲游。

借助信息技术手段，加快推进文旅深度融合发展。以智能融合的信息技术应用和创新持续的便利旅游服务为核心，实施乡村休闲智慧旅游试点，建设全区休闲观光农业智慧旅游门户网站、“武汉乡村休闲掌上游”移动手机客户端，创建 10 家示范农庄、50 个农业智慧休闲游示范点，实现了互联网技术与农业生产、电子商务和游客体验线上线下融合应用。

整合乡村旅游资源，实现线上线下一体化管理服务。依托三乡工程网和易地宝网络科技公司地呱呱平台，对江夏 12 个涉农街道 248 个村空闲农房和共享农庄信息进行了采集，累计采集 90 个行政村、4012 余套空闲农房、658 个共享农庄信息，江夏农村空闲农房与共享农庄将实现在覆盖全国的城乡民居租赁交易平台的发布、交易。

（作者单位：湖北农村信息宣传中心、武汉市江夏区农业局。原文刊载于《中国城乡金融报》2021 年 3 月 3 日 B3 版）

龙潭区：为乡村治理插上“数字翅膀”

■张　璟

数字乡村建设是数字中国建设的重要组成部分，是激发农业农村发展新动能，引领农业农村现代化转型的重要抓手。“十四五”规划纲要专门用一整篇提出“加快数字化发展　建设数字中国”内容，而数字乡村在其中被多次提及。

2020 年中央网信办牵头在全国设立了 117 个数字乡村试点县（区）。吉林省吉林市龙潭区即为试点县（区）之一，早在 2019 年就开始了数字乡村建设的探索，积累了较多的经验，奠定了良好基础。

在吉林市的四个城区中，龙潭区属于农业体量比较大的区。从产业结构来看，龙潭区实际属于工业区，其主导产业为化工和钢铁产业。但龙潭区的农业体量在吉林市的城区中是最大的，拥有耕地面积 44 万亩，农业人口逾 18 万人，种植的农产品主要是玉米和水稻，还有小部分杂粮杂豆。养殖业近年来发展较快，生猪产能有效恢复，目前存栏十多万头。2020 年新引进的香猪养殖产业发展迅速，目前已有 3 万头；肉牛养殖 1.5 万头，作为乡村产业振兴的重点工程，也是龙潭区未来农业产业发展的着力点。

在数字乡村建设中，龙潭区注重规划先行，充分研判数字乡村建设的主要内容，并结合自身实际选择数字乡村建设的突破口。根据国家战略和试点任务要求，数字乡村建设应该包括三大部分，分别是生产经营的数字化、乡村治理的数字化和管理服务的数字化。而龙潭区的农业农村属于城郊区农业农村，城乡融合特征明显，乡村治理任务繁多，亟待通过数字化手段实现工作方式转型、工作效率提升。为此，龙潭区选择从乡村治理数字化入手，推动整个试点数字乡村建设的有序开展。

从龙潭区的探索来看，乡村治理数字化初见成效。在乡村治理中，数字技术可有效减轻农村基层干部“填表”负担、监测乡村山水林田湖草情况变动，提升基层干部管理效率。龙潭区基于全区城乡底层数据库（农业、农村、农民、社区、新型经营主体）、天空地一体化模型，建立“一网通办”基础要件库。实现基层干部“一键成表”，减轻基层工作人员重复工作，提升工作效率。数字化在新冠肺炎疫情防控中发挥了重要作用，在大数据技术的助力下，龙潭区一直保持零病例的记录。数字技术在农村户厕改造中发挥重要作用，如户厕改造中最烦琐的环节是户厕档案的制作，档案需要11个材料，填报22个表，一式两份。而运用数字技术可将户厕改造的材料转化为电子档案，在实施过程中即时进行数据的保存和归档；龙潭区家庭外出打工数占所有农户的比重近50%，但通过手机App，外地农户也可及时上报相关信息，电子档案迅速形成，保证了户厕改造顺利进行。龙潭区户厕改造工作在全市开始最晚、结束最早、精度最高，取得显著成效，也在一定程度上展现了数字技术在乡村治理领域中的巨大潜力。

龙潭区的数字乡村建设成效还得益于其高位统筹、权责明晰的数字乡村部门协调推进机制。数字化发展需要非数字化的制度支撑，非数字化制度是指在推进数字化过程中建立相关的领导体系、组织体系、制度设计、人才管理和技术推广等管理架构，要抓紧构造体制机制，打破制度鸿沟，突破部门间的信息孤岛，推进管理方式、管理流程再造。龙潭区农业农村局、发改局发挥牵头协调作用，各相关部门按照职责分工协同配合。龙潭区数字乡村建设在底层数据采集、大数据库建设、多规合

一、部门数据系统对接等方面，打通部门利益、制定数据使用标准规范，在促进地区数据融合共享等方面作出了成功探索。

目前来看，龙潭区数字乡村探索方向正确、手段科学、制度完备、技术先进，为数字乡村建设提供了可供参考的经验。

未来，龙潭区仍会在数字乡村底层数据采集上下功夫。龙潭区充分认识到底层数据库是数字乡村最有力的支撑点，底层数据不精确、不科学，数字乡村就是做无用功，就起不到正确的引领作用。龙潭区正在总结底层数据库建设中农业、农村、农民各领域数据采集的指标和采集规范，把采集字段标准化，把采集方法制度化。龙潭区也正在沿着乡村治理数字化的主攻方向，将数字技术融入城乡融合发展的大环境中，通过将农村底层数据库向社区延伸，建立全域一体的底层数据库，进而不断实现农村和城市数据的统一管理，农民和市民服务的统筹考虑，不断运用数字技术解决城乡统筹中的要素流动监管、资源配置优化、服务公平公正等难题，不断建立健全城乡融合的数字化路径和政策体系。

（作者单位：农业农村部农村经济研究中心。原文刊载于《中国城乡金融报》2021 年 3 月 24 日 B3 版）

依安县：以数字化重塑农业产业链

■李 越

黑龙江省依安县位于黑龙江省西部、松嫩平原北缘，地处世界三大黑土带之一的核心区和世界马铃薯“金三角”主产区，农产品资源得天独厚，素有“中国白鹅之乡”“中国紫花油豆角之乡”美誉，是我国重要商品粮基地县和全国肉牛、肉羊重点发展区域，先后被评为全国粮食生产先进县、全国农村创业创新典型县、全国主要农作物生产全程机械化示范县。

近年来，依安县抓牢数字经济发展先机，不断夯实数字乡村发展基础，推动数字经济与实体产业深度融合，以数字化助推现代农业提质增效、引领县域经济高质量发展。2020 年，依安县数字乡村建设实现新突破，被中央网信办等 7 部门纳入“国家数字乡村试点地区”首批试点名单。

数字化助力传统农业转型升级

依安县以提升农业数字化、智能化水平作为现代农业发展方向，将信息化生产要素融入农业生产各环节，重点推进互联网、大数据、人工智能等信息技术在农业生产经营服务领域的运用。

自 2012 年起，依安县就开始规划布局农业物联网应用，通过传感设备实现大田种植、设施园艺、畜禽养殖、水产养殖的实时在线监测和数据信息采集，根据作物生长的土壤性状、空气温湿度、土壤水分温度、二氧化碳浓度、光照强度等实时调整农业生产投入，实现精准作业。以农业物联信息技术服务为重点，2020 年依安县实现农业信息监测服务的土地达 5.5 万亩。

除了农业物联网，依安县还利用无人机、卫星遥感等手段，全面掌握县域农作物的种植面积及播种结构、农业灾情损失、耕地土壤肥力等信息，为政府部门农业生产调控决策提供依据。

数字化赋能现代农业提质增效

良好的数据信息基础为依安县建设生态县、有机粮大县创造了有利条件，为打造、打响优质农产品品牌奠定了坚实基础。

近年来，依安县围绕“生态县、有机粮、建设高端食材供应大厨房”的发展目标，以数字化重塑农业产业链、提升农业价值链。

大力推动农产品溯源体系建设。建立绿色有机农产品生产基地、现代化智能仓储设施等，并将绿色有机农产品的生产、加工、流通、销售各环节信息全部纳入农业信息化管理平台，把农业信息化建设融入高端绿色有机食品产业发展中。

发展农村电商畅，打通农产品销售渠道。农产品信息的可监控、可追溯解决了制约农产品电商发展中信息不对称的难题，打造了依安县本地农产品网络“身份证”，塑造农产品品牌，为互联网时代农产品上行插上了翅膀。

数字化重塑社会治理新体系

根据依安县“十四五”规划及 2021 年国民经济和社会发展计划安

排，今年依安县以被纳入全国数字乡村试点地区为契机，探索建设数字化大数据应用中心，搭建数字乡村集成平台，进一步发挥信息化在推进乡村治理体系和治理能力现代化方面的基础作用。

据依安县相关负责人介绍，数字乡村集成平台主要包括两大模块。

智慧农业运营服务平台。该平台集成了土壤墒情、气象环境、病虫害监测预警，政策与市场信息、线上培训及远程农事指导等农业生产管理服务系统，提升政府部门农业生产调控、服务水平。

数字乡村指挥展示平台。该平台集成了辖区人口、土地、经济等农业农村基础信息，实现信息统计查询、农村综合治理、党建管理、舆情监控、应急指挥、现场调度的功能，构建乡村数字治理新体系，推动社会治理能力现代化。

（作者单位：中国农业科学院农业信息研究所。原文刊载于《中国城乡金融报》2021 年 4 月 14 日 B3 版）

浦东新区：让农民搭上数字化快车

■ 葛建华

数字乡村建设非一日之功，是经年累月积累的成果。这一点，从上海浦东新区乡村的数字化建设中可见一斑。

用地康养智慧化

早在2013年，浦东新区农用地信息化管理系统就已面世并拥有软件著作权。这套融入了云计算、大数据等技术的软件，可以及时采集、更新新区50多万亩农用地位置、种植情况、种植者信息等，为土地的数字化管理提供了便捷的“字典”与精准的“标尺”。这套系统与近年来快速发展的物联网相结合，无疑为从生产到销售的农业全产业链，提供了精准决策支持、成本控制、质量控制、市场营销等的数字基础，有效促进了传统农业向智慧农业的创新与转型升级。

乡村人群的健康管理与养老在全民健康体系中相对薄弱，浦东新区的数字化建设在这方面进行了积极的尝试。老港镇大河村的综合为老服务中心，将大河村及周边多个村的老年人都纳入“15分钟居家养老服务圈”。通过家门口“智慧健康驿站”，村民只需刷身份证或医保卡就可在驿站终端设备上，利用AI人工智能进行脑卒中风险筛查、专家号源预约挂号等。通过物联网体征测量设备，村民还可以快速完成健康自助检测，生成的测量数据自动上传健康云App，并自动生成健康处方，实现健康管理数据的互联互通、网络化和数字化，让村民不出村就可以便捷地获取健康知识和健康服务。

乡村治理数字化

浦东新区的“桃源故里”界浜村，不仅有原生态的美景，还有“智慧乡村”的雏形。界浜村联勤联动机制将村域管理分成十个网格，联勤联动工作人员 24 小时在岗，112 台监控设备搭载大数据平台，可以做到发现问题快速响应、应急处置快速联动。

上海浦东三林古镇，每年的三月节都会举行舞草龙民俗活动，预示五谷丰登，国泰民安（孙宝金摄影）

依托“一网统管”的浦东“城市大脑”开发建设的“界浜村联勤联动微平台”，整合了村委干部、党员、志愿者、楼组长等自有力量，公安、城管、市场监管、安监、法律顾问等协同力量，可以发挥跨部门、跨层级、跨区域的联勤联动优势，强化辖区管理的微自治、微联勤、微联动。通过手机端操作简便的微信小程序，村民可对违章停车、乱弃垃圾、河道污染、违章建筑等现象随时随地上报。通过微平台，乡村治理实现了主动发现、共治上报、智能发现等事项的自动推送、掌上协同、闭环管理，并以可视化的形式展示事项处置的全过程。

目前，界浜村已构建起“3+3+3”村民自治机制，依托“三个屏”体系，即有线电视屏、“智惠管家”一体机屏与“市民云 App”手机屏，实现了阳光村务零距离。

能源供给智能化

在解决乡村发展面临的生态保护问题方面，连民村的“能量魔方”集成系统解决方案，成为国内乡村试点绿色清洁能源综合利用的典型案例。

由国家电网上海浦东供电公司设计建设的“能量魔方”，坐落于连民村九组，其外观形似一个个长方形的集装箱，集聚了智慧微电网、地源热泵、蓄冷蓄热、生活热水和生物质等能源系统，可提供集中供电、供冷、供热和供热水，通过产能、供能、用能、储能、节能“五能合一”，充分利用当地的水资源、太阳能、地热资源、生物质垃圾等，形成了高效能源技术与可再生能源技术的多能互补。

据项目负责人袁晨介绍，“‘能量魔方’涵盖了目前国际上清洁能源技术所能实现的能量收集、转换和释放功能。如‘生物质魔方’将村内秸秆等生物质进行燃烧炭化，不仅可以给附近村民提供热水，多余的炭渣可制成炭棒或炭块，供游客烧烤或取暖使用，还可以实现生物质垃圾就地处理不出村”。

“能量魔方”的“统治中枢”汇集在连民村的“智慧乡村大脑”内。通过强大的后台系统和应用平台，“能量魔方”对区域内的能源设备和数据进行精准管理和监控，为村庄提供最优的用能方案，也在为乡村今后拓展虚拟电厂等“能源交易”探索新模式。

目前，连民村正在开展“5G 示范村”建设，乡村“智慧大脑”将能源、出行、安防、产业、生态、文旅和家居等共同纳入平台系统，达成互通互联，构建起以智慧能源为引擎的乡村智慧治理生态圈。

乡村数字化，涉及“三农”的方方面面，不仅需要搭建能够涵盖农业生产、农户生活和乡村治理等需求的互联网基础设施，还需要搭建在“家门口”的便民服务体系，需要确立共享共治的乡村发展理念，形成“互联网 + 服务 + 三农”的格局，切实推动“智慧三农”落地和发展。在火热的直播带货之外，数字乡村建设，承载着为生态保护、乡村治理、村民生活如养老、就医和文化娱乐等持续赋能的重任，是乡村振兴过程中提高农业生产效率、增加农民收入、提升村居幸福感的重要途径。

（作者单位：中国政法大学商学院。原文刊载于《中国城乡金融报》2021 年 5 月 12 日 B3 版）

石河子市：以电商助推数字乡村发展

■ 魏若璇　王　林

《数字乡村发展战略纲要》中指出，要想农村数字经济得到发展，需要进一步深化农村电子商务发展。新疆生产建设兵团第八师石河子市作为新疆乃至全国重要的粮食、棉花、甜菜生产基地，盛产瓜果蔬菜，羊毛品质居全国之首，是国家数字乡村试点地区、国家电子商务进农村综合示范县（市）。

为落实党中央、国务院和农业农村部有关推进数字乡村发展战略的决策部署，近年来，石河子市以发展农村电子商务为抓手，在体制机制创新、基础设施建设、打造品牌农业、夯实人才基础等方面进行探索创新，有力推动了数字乡村发展。

筑牢组织保障

石河子市充分利用国家电子商务进农村综合示范项目建设契机，敢于担当，主动作为，健全制度体系和管理机制。

加强统筹协调，成立了由师市主要领导为组长、20 个师市相关部门、团场主要领导组成的工作领导小组，形成职责明确、分工配合、齐抓共管的工作机制。

完善制度体系，制定印发《关于开展八师石河子市电子商务进团入连工作的通知》《关于进一步加强八师石河子市 2016 年国家级电子商务进农村项目工作的通知》《关于促进八师石河子市农村电商发展的暂行办法》等文件，对推进农村电子商务发展的总体思路、目标任务、工作重点、保障措施等作出明确部署。

健全管理机制，制定印发《八师石河子市电子商务进团入连综合示范项目专项资金管理办法》《八师石河子市电子商务进团入连综合示范工作考核暂行办法》《八师电子商务进农村项目管理制度》等政策文件，为项目顺利实施、可持续发展和规范化管理提供支撑保障。

做实基础设施

石河子市充分发挥电商发展示范引领作用，加快信息技术在乡村地区发展步伐，推进新型基础设施建设。坚持“企业为主、政府推动、市场运作、合作共赢”的原则，构建电子商务公共服务体系。

建成师域电子商务公共服务中心，提供电商平台落地、电商孵化、大数据抓取、电商数据汇总分析等一站式电商服务。

建设改造74个团场、连队社区服务站点，配备统一硬件设施，为团场职工提供本地特色农产品网购网销、物流配送、帮扶创业、生产贷款等便民服务。

建立师、团、连三级仓储物流体系，建成的物流分拨中心达700平方米，整合进驻多家物流企业，实现了从师域到团连上下行快递由物流分拨中心定点、定线、定时、定价统一配送，确保了下行邮件24小时内至团场、24~28小时内至连队，上行邮件24小时内到达师域仓储物流中心，快递费降至首重平均每公斤5元，打通了农村电子商务“最后一公里”。

建设重点工程项目，依托农业农村部数字农业建设试点项目建立了优质棉数字农业基地，通过北斗系统精准定位农业重大应用示范工程的实施，首次实现了单项精准农业技术在我国的规模化应用推广。

打造品牌农业

石河子市充分依靠地方特色，大胆探索，勇于创新，着力打造品牌农业，激发乡村发展内在潜力。

为提升农产品价值和市场竞争力，助推农业增效、农民增收，开展了农业区域公用品牌“军垦 1949”建设，由国企牵头注册成立了“军垦 1949”品牌运营公司，充分运用信息技术开展推介宣传、生产经营管理，制定完成了品牌准入标准体系、品牌产品包装授权标准体系，已有 11 家企业 60 款产品入选首批授权企业目录和产品目录，涵盖牛羊肉、牛奶、葡萄酒、棉花制品和特色瓜果五大产业集群。下一步，石河子市将建设电商直播基地，应用直播技术加大品牌营销推广力度，培育本地直播带货能力，扎实推进巩固拓展脱贫攻坚成果与乡村振兴有效衔接。

夯实人才基础

石河子市高度重视人才培养，不断加强宣传培训，激发乡村发展内生动力。

以石河子市众维科创企业管理服务有限公司为主体，针对团场、连队职工、服务站站长、低收入人群、师市企业等，开展普及性培训、专业培训、创业孵化培训。培训形式多样、内容丰富、管理规范。截至目前，共开展培训 68 场次，累计培训近 9000 人次，有效提升了受训人群的实用操作技能、标准化养殖等数字技术和应用能力，为农村电商发展和实施数字乡村发展战略提供人才队伍保障。

以电子商务公共服务中心为平台，组建本地化专业电商运营服务团队，助力本地电商快速发展。目前已签订产品征集协议17家、签订品牌化建设协议16家，师市社区电商平台上线产品537款，有效带动了创业创新。

基于产学研结合创新人才培养机制，在由石河子大学牵头、多家单位参与的数字农业技术体系建设项目中，充分发挥了科研机构、高校、企业在人才培养中的协同创新作用。

（作者单位：农业农村部信息中心；新疆生产建设兵团农业技术推广总站。原文刊载于《中国城乡金融报》2021年7月21日B3版）

余庆：以“数字 +”激活乡村发展动能

■ 董春岩

余庆县地处贵州省遵义市，是中国革命实现成功转向的圣地，具有丰富的红色基因，是“四在农家”发源地。作为国家首批数字乡村试点县，近年来，余庆县主动作为，通过树立“数字 +”理念，按照“e 在农家·数字乡村”可持续发展模式，不断弥合城乡“数字鸿沟”，繁荣乡村数字经济，完善乡村数字治理体系和治理能力现代化，助推“四在农家·美丽乡村”提档升级，真正实现农业强、农村美、农民富。

近年来，贵州省余庆县大力推进旅游、茶叶、辣椒等特色产业发展，县域经济迸发出新活力（叶义坤摄影）

以“数字 +”促产业兴旺

余庆县加快推进农业生产数字化进程，以智慧产销对接为目标，致力于解决小农户有效连接大市场的“最前一公里”问题，从“两端”推进数字化建设。

推进数字化在农业生产端的应用。建立云上畜牧数字化养殖场8个，建立生猪健康档案，有效提高了畜牧圈舍环境调控、精准饲养、动物疾病监测、畜禽产品溯源等智能化水平，对实现产业数字化、养殖精准化、生产科学化作出了有效探索。建立数字农业应用推广基地4个，智慧生态茶园示范基地5000亩，178个家庭农场实现“无死角”视频监控。

推进数字化在产品销售端的应用。大力发展农村电商，成立供销电商物流公司，实现供销服务到村100%，利用“直播带货”，激发数字新业态；建设电商产业园1个，依托“黔云铺子”，将余庆剔骨鸭、龙家霉豆腐、小叶苦丁茶等余庆特产以电商带货等形式销售。

以“数字+”促人才振兴

余庆县以造就“数字乡村人才”为引擎，围绕培养“五个人”（乡村产业带头人、乡村文化传承人、乡村治理接班人、乡村文明传播人、乡村平安维护人），不断提升群众数字意识和数字素养，找准数字乡村发展新路径。

加快造就一批数字乡村新人才。重视数字乡村人才培养，将短期技能培训和长期教育投入相结合，激发乡村自我发展动力和活力，为数字乡村建设输送技能型人才，开设“直播带货”“数字媒体”等课程，为乡村振兴提供人才保障。

加快造就一批数字乡村新农人。推动数字技术下乡，下沉数字化服务能力，加快培育造就一支爱农业、懂技术、善经营的高素质农民队伍，支持农民工和返乡大学生运用网络和信息技术开展创业创新，帮助群众建立数字化观念，掌握数字兴农的方法和路径。

以“数字+”促服务升级

余庆县健全“互联网+教育、医疗”等便民惠民服务体系，让群众少跑腿、让数据多跑路。

数字赋能图书，实现线上学习。不断满足群众阅读需求，开通移动借阅电子书服务，健全线上“数字图书馆”服务，实现图书馆揣在手机里，打通全民阅读“最后一公里”，实现公共文化服务的便利化和均等化。

数字赋能教育，实现线上教学。对全县中小学建设教育城域专网、建设全县安全管理系统和监管平台，“班班通”等网络信息接入能力实现乡村学校全覆盖。

数字赋能医疗，实现线上就医。通过借力大数据，积极创新“诊间支付”“远程会诊”等服务，大力发展“互联网+医疗”就诊模式，全力打造智慧型医院，形成县、镇、村一体化远程医疗服务。实现微信、支付宝等多元化支付便捷就医服务。

以“数字+”促治理高效

余庆县通过建设数字化工具，切实解决基层点多、面广、线长和人少事多的社会治理和管理现状，重塑政府治理模式。以“一码一盒一平台”为重点，大力推进乡村数字治理。

开发“一码”促进政民高效互动。线上民情咨询反馈渠道通过二维码小程序，实现网上反映诉求、网上办事等功能。余庆县白泥镇推行

“数字门牌”试点，开发乡村、群众、游客、网格员、三官一师（法官、检察官、警官、律师）“五方”使用的应用平台，接入人口管理、警务便民等功能，实施“分权限”使用管理，“因人而异”享受信息服务。“数字门牌”安装以来，试点乡村的治安案件发案率同期下降23%。

开发“一盒”促进指尖生活便捷。开发定制“e家宝”固定数字机顶盒，汇集雪亮工程、远程医疗、一键报警、新时代大讲堂等15项便民服务功能，通过语音播报的形式使信息必达，有效打通了基层社会治理服务的“神经末梢”，充分满足了群众需求。

开发“一平台”促进一站式服务便民。余庆县龙溪镇依托“钉钉”基座平台，以小成本发挥大作用的方式，通过组建工作专班，根据工作需要开发实用工具，达到了组织线上建、数据云上跑、工作网上走、审批家中办、产品直播销的目的，具有群众事务在线办理、矛盾纠纷线上调解、在线直播培训、百姓积分管理等功能。

（作者单位：农业农村部信息中心。原文刊载于《中国城乡金融报》2021年12月22日B3版）

第七章

以法促兴

编者按： 乡村振兴相关法律的出台，强化了走中国特色社会主义乡村振兴道路的顶层设计，夯实了良法善治的制度基石。商业银行要积极响应和落实有关规定，不断优化“三农”金融服务体制机制，助力构建多层次、广覆盖、可持续的乡村振兴金融服务体系。

以良法推动善治 促乡村振兴发展

■ 曾恒源

近日，第十三届全国人民代表大会常务委员会第二十八次会议表决通过了《中华人民共和国乡村振兴促进法》（以下简称《乡村振兴促进法》），这是党和国家充分总结“三农”法治实践，丰富和完善中国特色“三农”法律体系的重要成果。

2021 年 6 月 1 日，《乡村振兴促进法》将正式施行。《乡村振兴促进法》的颁布实施，将为我国新时期全面推进乡村振兴提供重要法律支撑，也将为促进农业全面升级、农村全面进步、农民全面发展，加快农业农村现代化以及全面建设社会主义现代化国家提供重要制度保障。

为乡村振兴提供法律保障

乡村振兴作为我国一个时间跨度超过 30 年的长期发展战略，制度保障是其顺利推进的重要基础。自党的十九大报告提出实施乡村振兴战略以来，党中央、国务院多次明确提出要强化乡村振兴法治保障，抓紧研究制定乡村振兴促进法的有关工作。2020 年 6 月 18 日，《乡村振兴促进法》草案被首次提请审议，后来数易其稿，不断优化具体内容，最终在 2021 年 4 月 29 日正式通过。

《乡村振兴促进法》的出台，把党中央关于乡村振兴的重大决策部署转化为法律规范，与中央一号文件、乡村振兴战略规划、《中国共产党农村工作条例》等共同构建了实施乡村振兴战略的“四梁八柱”，强化了走中国特色社会主义乡村振兴道路的顶层设计，夯实了良法善治的制度基石。这部立足当下、着眼长远的“三农”领域的基础性、综合性法律，凝聚着亿万人民热切的期盼，承载着为乡村振兴“保驾护航”的神圣使命。

从内容上看，《乡村振兴促进法》包括10章，共74条，涵盖了产业发展、人才支撑、文化繁荣、生态保护、组织建设、城乡融合等各个方面。《乡村振兴促进法》把维护农民主体地位、尊重农民意愿以及保障农民合法权益摆在突出位置并贯穿始终，重视调动农民积极性、主动性、创造性，使农民真正成为乡村振兴最重要的参与者、支持者和受益者。

依据《乡村振兴促进法》规定，全面推进乡村振兴，必须坚持农民主体地位，促进农村一二三产业融合发展，推动建立现代农业产业体系、生产体系、经营体系；必须健全乡村人才工作体制机制，采取多种措施发展壮大农业农村人才队伍；必须组织开展各级各类新时代文明实践活动，加强农村精神文明建设，不断提高乡村社会文明程度；必须健全重要生态系统保护制度和生态保护补偿机制，加强乡村生态保护和环境治理，建设美丽乡村；必须建立健全党委领导、政府负责、民主协商、社会协同、公众参与、法治保障、科技支撑的现代乡村社会治理体制和自治、法治、德治相结合的乡村社会治理体系；必须整体筹划城镇和乡村发展，科学有序统筹安排生态、农业、城镇等功能空间，优化城乡产业发展、基础设施、公共服务设施等布局，加快县域城乡融合发展。

同时，《乡村振兴促进法》还对村庄撤并、粮食安全、永久基本农田保护以及人居环境治理等工作进行了规范，强调乡村建设行动中各级政府的主体责任，厘清了构建乡村建设的相关制度安排和要求。

金融依法助力加强创新

从金融支持的角度看，全面推进乡村振兴，离不开银行业金融机构的积极参与，《乡村振兴促进法》中也有多项条款与银行业金融机构紧密相关。例如，该法第六十三条规定，要“改进、加强乡村振兴的金融支持和服务”；第六十五条规定，商业银行应当结合自身职能定位和业务优势，创新金融产品和服务模式，扩大基础金融服务覆盖面，增加对农民和农业经营主体的信贷规模，为乡村振兴提供金融服务……全面推进乡村振兴，银行业金融机构不仅责任重大，而且大有可为。

为助力全面推进乡村振兴，银行业金融机构要积极响应和落实《乡村振兴促进法》的有关规定，不断优化“三农”金融服务体制机制，结合自身职能定位和业务优势，围绕提升基础金融服务覆盖面，推动城乡资金融通等重要环节，不断强化农村金融产品和服务方式创新，切实增加农村金融供给，助力构建多层次、广覆盖、可持续的乡村振兴金融服务体系。

近年来，农行云南分行把惠农通建设作为服务乡村重要渠道，

让方便快捷的金融服务直达村寨（梁志强摄影）

要在做好对法律法规和政策充分理解与把握的基础上，发挥信贷、投行债券、保险等金融市场功能，瞄准金融服务乡村振兴的切入点，进

一步提升金融服务乡村振兴能力，引导金融资源持续流向“三农”领域。涉农金融机构应坚持服务县域，积极支农支小，明确重点支持领域，围绕农业农村抵质押物、新技术应用推广、“三农”绿色金融等领域，强化金融产品和服务方式创新。

要重点聚焦国家粮食安全、巩固拓展脱贫攻坚成果、农村一二三产业融合、农村集体经济发展等重点领域，创新投融资模式，加大对高标准农田建设等方面的金融资源投入，建立金融支持巩固拓展脱贫攻坚成果的体制机制，积极满足现代农业发展、三次产业融合等领域的合理融资需求，助力农村承包地经营权、住房财产权、集体资产股权等扩权赋能，不断强化对农村集体经济组织的金融支持力度。

（作者单位：南京林业大学经济管理学院。原文刊载于《中国城乡金融报》2021 年 5 月 10 日 A2 版）

为乡村振兴提供有效法律保障

——专访中央财经大学法学院副院长于文豪

■ 张　敏

2021 年 4 月 29 日，十三届全国人大常委会第二十八次会议审议通过了《乡村振兴促进法》，自 2021 年 6 月 1 日起开始实施。这部法律的特色和亮点是什么？商业银行应如何提高金融服务覆盖面？围绕上述话题，中央财经大学法学院副院长于文豪回答记者提问。

问：《乡村振兴促进法》主要特色及亮点有哪些？

于文豪：脱贫攻坚是中国历史上的壮举，脱贫攻坚战取得胜利后，要全面推进乡村振兴，这是“三农”工作重心的历史性转移。这部法律以乡村振兴为调整对象，在我国立法史上尚属首次。作为一部基础性综合性立法，《乡村振兴促进法》涉及促进乡村产业振兴、人才振兴、文化振兴、生态振兴、组织振兴和推进城乡融合发展等方面，涉及面之广、政策力度之丰富前所未有，可以说是“三农”领域一部固根本、稳预期、利长远的基础性、综合性法律。

问：这部法律与以往涉及农业农村相关法律有何不同？

于文豪：这部法律将与乡村振兴相关的诸多重要政策制度统合到一部法律中，这与既往的单行性、专门性立法有极大区别。这部法律属于促进型立法，当中多数条款属于提倡性、促进性的内容，传统的“管制型”条款过分注重运用处罚等手段来突出法律的强制功能，而这部法律强调通过“引导”的方法鼓励乡村振兴，强调政府全面发挥服务功能、强调立法对社会发展的引导意义，强调各类主体的参与和发挥主动性、积极性。

问：《乡村振兴促进法》的基本原则是坚持农民主体地位，在保障农民权益方面都有哪些亮点？

于文豪：这部法律鲜明地体现出农民的主体性，突出维护农民主体地位、尊重农民意愿、保障农民合法权益的价值导向，强调维护广大农民根本利益、促进广大农民共同富裕的目标。在实施乡村振兴战略的原则方面，强调坚持农民主体地位，充分尊重农民意愿，保障农民民主权利，维护农民根本利益；在促进农民增收方面，规定了发展壮大集体经济、促进乡村产业发展的一系列举措；在乡村治理方面，明确完善农村基层群众自治制度，健全村民委员会民主决策机制和村务公开制度，充分发挥村民委员会作用，增强村民自我管理、自我教育、自我服务、自我监督能力。此外，在社会保障、乡村建设等方面都提出了具体要求。

问：其中提出要“完善农村集体产权制度”，下一步，产权改革如何推进？

于文豪：农村集体产权制度改革是党中央推出的一项重要举措。下一步，我认为产业改革可围绕以下几方面开展：推进农村集体资产确权到户，开展农村集体资产清产核资等工作，规范有序开展成员身份确认、资产折股量化、办理登记赋码等工作。开展经营性资产股份合作制改革，在清产核资、成员身份确认的基础上，将农村集体经营性资产以股份或者份额形式量化到本集体成员。确保集体经济发展成果惠及本集体所有成员，因地制宜探索集体经济有效实现形式。总结脱贫攻坚成果，推广资源变资产、资金变股金、农民变股东经验。

甘肃省舟曲县土桥子村党支部紧紧围绕发展做文章，带领村民自力更生，
艰苦奋斗，使全村经济发展走在了全镇前列（丁丕青摄影）

问：《乡村振兴促进法》中鼓励金融机构依法将更多资源配置到乡村发展的重点领域和薄弱环节。您认为银行等金融机构应如何做好金融服务？

于文豪：商业银行等金融机构要更好树立乡村振兴的主体意识，提高农村金融服务覆盖的人群广度、业务深度。我觉得一方面要继续发挥好信贷资金对于乡村振兴的促进作用。在我国脱贫攻坚战取得胜利后，主要的金融帮扶政策应保持总体稳定。同时，要充分认识到小额信贷等涉农业务的风险性，适当提高风险容忍度；另一方面要稳妥推进金融产品和服务创新。长期以来，农村金融产品品种少，金融服务相对滞后。今后一段时期，有必要围绕乡村振兴战略的总体需要，开展涉农金融产品的研发，加大力度支持“三农”的关键环节。此外，我认为银行等金融机构还要积极提升农民的金融意识，要发挥自身优势，开展覆盖农村的金融知识宣教工作，努力提升农民的信用意识、风险防范意识，提高他们的金融投资能力和风险识别能力。当然，培育农民金融意识是一个系统性工程，除银行等金融机构外，也需要农业农村、自然资源、法院、检察院等相关部门的合力推进。

（原文刊载于《中国城乡金融报》2021 年 5 月 14 日 A4 版）

金融“活水”赋能乡村振兴

■ 侯凯轩

实施乡村振兴是新时代“三农”工作的总抓手，是激活农村活力、弥合城乡差距的重要武器。作为我国第一部冠以“乡村振兴”的法律，《乡村振兴促进法》为全面指导和促进乡村振兴战略实施提供法律保障，也对商业银行为乡村振兴提供金融服务提出新要求。

江苏泰州兴化垛田镇征北村千垛菜花竞相开放、美不胜收。
农民在垛田及河梗种植油菜、香葱等，构建了一幅乡村振兴新画卷（黄书荣摄影）

《乡村振兴促进法》包括10章，共74条。其中，第八章“扶持措施”第六十五条规定：“国家建立健全多层次、广覆盖、可持续的农村金融服务体系，完善金融支持乡村振兴考核评估机制，促进农村普惠金融发展，鼓励金融机构依法将更多资源配置到乡村发展的重点领域和薄弱环节。”明确要求“商业银行应结合自身职能定位和业务优势，创新金融产品和服务模式，扩大基础金融服务覆盖面，增加对农民和农业经营主体的信贷规模，为乡村振兴提供金融服务”。

对于商业银行而言，建议从以下几方面努力。

提升信贷投入广度和深度。扩大信贷支持乡村振兴的规模，加大信贷投入和农村金融基础设施建设力度，提供便捷的资金融通渠道，突破“三农”领域信贷困境，提高农村金融服务可获得性。应从制度层面细化金融支持乡村振兴的任务、措施和责任，从产品层面优化乡村振兴产品创新流程，着力打造拳头产品，从配置层面加大资源倾斜和县域人才培养力度。

创新金融产品和服务模式。以数字化转型为创新驱动，不断提升乡村振兴服务能力，为农民、农村集体经济组织等经营主体提供更有针对性、体验感更佳的金融产品。在数字经济时代，随着互联网技术的发展，移动终端在乡村覆盖率不断上升，金融产品也应逐渐通过原有的线下业务向线上化、自动化、数字化转型，实现让“数据多跑路，让农民少辛苦”的目标。

持续做好风险把关。商业银行应重点关注产品创新及业务办理流程的合法合规性，《乡村振兴促进法》将永久基本农田保护制度写入法律，并明确严格禁止违法占用耕地建房，严禁违背农民意愿、违反法定程序撤并村庄等行为，这要求商业银行在业务开展过程中，要重点关注土地使用合法性、建设项目规划程序合法性及环境影响评价情况，审慎介入项目前期手续不全或权属不清晰的固定资产信贷项目。

此外，还应不断加大银政、银企及金融机构间的合作。《乡村振兴促进法》第六十三条规定要“完善政府性融资担保机制，依法完善乡村资产抵押担保权能”，商业银行应积极与各级政府性融资担保机构、农业产业保险合作，开展畜禽活体抵押、“两权”抵押融资试点，加强对农业产业链、供应链的支持，在拓宽客户渠道的同时降低风险敞口，真正实现金融服务与乡村振兴同频共振。

（作者单位：农业银行总行法律事务部。原文刊载于《中国城乡金融报》2021 年 5 月 14 日 A4 版）

强化司法保障　助力乡村振兴

——对最高人民法院有关意见的解读

■ 杨　芳

今年是我国实施“十四五”规划的开局之年，进入新发展阶段，党中央明确提出“三农”工作务必抓紧抓实。7 月 26 日，最高人民法院发布了《关于为全面推进乡村振兴　加快农业农村现代化提供司法服务和保障的意见》（以下简称《意见》），提出要充分发挥人民法院的审判职能和作用，为全面推进乡村振兴提供有力的司法服务和保障。这对于商业银行开展乡村振兴金融服务具有积极作用。

全面保障涉农主体权益

《意见》对标《民法典》《乡村振兴促进法》等法规，以满足新发展阶段“三农”领域的新需求为着力点，从统一思想认识、促进农业高质高效、打造乡村宜居宜业、保障农民富裕富足、坚持强基导向、深化改革创新等方面，提出了 26 条意见。通过强化人民法院建设，改革和优化人民法庭布局，下沉司法服务，严格履行依法裁判，妥善处理全面推进乡村振兴、加快农业农村现代化进程中的各类矛盾纠纷，更大范围地保障涉农主体的合法权益。

通过全方位、系统性地阐释新时期涉农司法工作的重要任务、重点领域、改革路径等内容，《意见》针对涉农主体权益的痛点、难点问题，明确提出了加大审执力度等举措，为涉农审判高效化、便捷化指明了方向。

营造良好金融法治环境

对于金融机构而言，《意见》的出台有利于乡村地区司法资源结构的优化供给和矛盾纠纷化解机制的多元构建，为金融支持全面推进乡村振兴和农业农村现代化营造了良好的法治氛围。

拓展担保多元化，有利于涉农信贷等融资业务的创新。《意见》对农地“三权分置”纠纷、集体经营性建设用地纠纷、种源“卡脖子”关键核心技术、“南繁硅谷”种业等知识产权提出司法保护规定，推动了农地经营权和集体经营性建设用地使用权抵押、涉农知识产权质押贷款产品与服务的研发创新。《意见》还提出从严从快惩处农产品和农资领域违法犯罪活动，从而净化农业产业链、农产品供应链融资环境，为下一步农业产业供应链金融拓展了创新空间。

赋能绿色发展，有助于“三农”领域绿色金融产品创新。《意见》提出以持续改善环境治理促进“三农”发展全面绿色转型，坚守“绿水青山就是金山银山”理念，强化环境治理与生态修复工作，加强农业生态环境司法保护，推进农业绿色发展。在碳达峰、碳中和的“双碳”背景下，“三农”领域绿色金融需求范围更广泛，结构更加多元化，创新空间也将进一步被释放。长远来看，《意见》出台为银行等金融机构的绿色贷款、绿色债券、绿色基金、碳金融等产品和工具创新注入了强大的外生动力。

着力化解农村地区金融风险，有益于金融支持乡村振兴机制创新。《意见》就加强农村法治宣传教育、促进农民“学法、信法、用法”，提出明确要求。随着公众法治理念的不断增强，涉农主体法律意识及素养的持续提升，未来将在一定程度上降低其融资贷款违约风险。此外，随着基层法院在诉源治理中发挥越来越重要的作用，以及大数据、区块链等技术在农村地区司法工作中的有力支撑，涉农金融风险处置渠道将更畅通、高效、便捷，将进一步助推金融支持乡村振兴的风险管理与机制创新，这将对银行等金融机构开展乡村振兴服务提供有力的法律依据和保障。

（原文刊载于《中国城乡金融报》2021 年 8 月 13 日 A4 版）

创新金融服务模式　助力农村土地制度改革

■ 王妍令仪　刘俊杰

2021 年 9 月 1 日，国务院新修订的《土地管理法实施条例》（以下简称《条例》）正式施行。

此次《条例》的修订是在《土地管理法》制度框架下，聚焦农村土地征收、集体经营性建设用地入市、宅基地管理、耕地保护等重点问题，进一步明确农用地之间转用的制度规范，拓展了土地用途管制的内容；细化了土地征收程序和步骤；明确了集体经营性建设用地入市的交易规则和监管办法；强化了农民建房用地指标安排和农民宅基地权益保障等内容。

农业银行河北邢台分行以“金融 + 企业 + 农户”的方式，积极助推当地农业产业化经营（高洪水摄影）

《条例》的修订，一方面，为金融助力农村土地制度改革带来了新的机遇。我国农村集体经营性建设用地和闲置宅基地资源面广量大，通过发展抵押贷款品种，将大大拓展农村金融机构的土地金融业务，推进“三农”信贷担保结构优化，农民也可以从金融机构取得中长期融资贷款，缓解了发展现代农业的资金难题，对农村金融业的发展影响深远。另一方面，也对金融创新提出了新的要求。由于目前土地产权不够清晰、土地流转市场发育不完善、价格发现机制不健全、价值评估方式和手段滞后，加上金融机构缺少土地抵押物化解风险的渠道和机制等，对农村金融机构的服务方式创新提出更高的要求。

针对《条例》修订带来的新变化和新要求，金融机构应借势改革、主动作为，在有效防范金融风险的前提下，积极创新金融服务模式。一方面，充分发掘农业农村发展特点和实际需要，结合休闲农业、乡村旅游等项目，探索行之有效的农村承包地经营权、农村集体经营性建设用地使用权、宅基地使用权和住房财产权抵（质）押等贷款品种，有效盘活农村集体土地资源资产，助力实现农民土地财产权益。另一方面，根据农村承包地、集体经营性建设用地及宅基地的特性以及抵押贷款的有关法律法规政策，健全抵押率、贷后监管、风险防控管理等方面的办法要求，平衡好抵押担保等业务的开展和防控风险的关系。

需要注意的是，金融机构在开展业务创新的同时，应充分尊重农民意愿，保障农民权益。一是充分保障集体和农民的土地特别是宅基地的合法权益，涉及宅基地和农房抵押担保等事项时，需充分尊重农民意愿，取得农民同意。二是严格规范金融产品宣传，通过多种方式和渠道以通俗易懂的语言，为农民普及金融知识，开展金融风险防范教育，切实维护好农民的合法权益。

（作者单位：农业农村部农村经济研究中心。原文刊载于《中国城乡金融报》2021年9月1日B2版）

第八章

域外参考

编者按：民族要复兴，乡村必振兴。“十四五”规划纲要对全面实施乡村振兴战略作出部署。纵观国际乡村发展历程，不同国家针对实际国情不断调整方向，取得了丰富经验，为我国乡村振兴提供了借鉴。“乡村振兴之国际经验”系列报道介绍了部分国家乡村建设方面的有效举措。

意大利：有机休闲农业成乡村振兴引擎

■ 冯丹萌

2021 年是我国“十四五”开局之年，也是全面实施乡村振兴新阶段的起点。纵观国际乡村发展历程，不同国家针对实际国情不断调整方向，取得了丰富经验。意大利作为欧洲历史古国，虽然农业农村发展经历了漫长曲折的过程，但是在农业农村现代化进程中探索出了一条特色振兴之路。

发展脉络

在资本主义萌芽阶段，意大利开启了农业发展之路。在这个时期，很多工商资本逐步流向农村，为农业的发展打下了坚实基础。一是随着农业发展资金的增加，以庄园、农场等为主的乡村产业快速壮大起来。二是由于经济结构的改变，大量人才流向农村地区，为农业技术革新注入了内生动力。

16 世纪以后，意大利乡村发展继续得到推进，尤其在一些新兴产业中迸发出了动力，进而促进了意大利整体经济的转型。在这个时期，意大利发展中心向农村转移，人口规模扩大等因素导致农产品价格不断上升，为农产品的商品化提供发展契机。通过技术改良、管理制度的更新，以粮食和农副产品为主的发展格局逐步形成。同时，面对人口压力，意大利不断扩大耕地面积，提升农产品效益，但是快速的发展节奏打乱了原本生态系统的平衡。

20 世纪以来，在经济与生态环境矛盾不断凸显的压力下，意大利开始转变农业农村发展方式，积极推进有机农业发展。据统计，2015 年意大利有机农业公司近 5 万家，耕地面积也增加到 140 万公顷，意大利有机农业公司占欧洲的 17%。与此同时，意大利也开始调整农村产业结构，着力发展乡村休闲产业，逐渐探索出一条绿色、内生的乡村发展路线。

主要模式

通过多年的发展，意大利已形成较为成熟的以有机农业、休闲农业、乡村旅游等为核心的乡村发展格局。从发展内容来看，主要有以下三种模式。

打造规模化有机农业发展格局。意大利借助优良的自然环境和地理条件，主要以果蔬类生产为主，以高质量发展为目标，打造有机农产品品牌。在有机农业发展中，意大利通过制定严格的具有法律效应的种植养殖标准和生态保护制度，有效保证了农产品的高质量发展和生态环境的可持续发展，真正实现绿色经济的转型升级。

搭建多环节农业产业链。在农业产业化发展中，意大利秉承“绿色发展理念”，从生产、加工、销售、服务等环节进行高标准推进，如以橄榄、葡萄、番茄等为原料形成橄榄油、葡萄酒、番茄酱等农业产业链，打造出了具有国际影响力的农产品品牌，大大提升了农业的增值效益。

开拓休闲农业融合发展模式。在优越的自然环境基础上，意大利充分挖掘农业的多功能性，开拓农业资源、生态资源和旅游资源内部融合发展道路。1865 年，意大利成立了“农业与旅游全国协会”，逐渐打造具有意大利风情的休闲农业旅游道路。借助有机农业发展格局，意大利开拓绿色农业旅游项目，根据游客的偏好制定专属服务内容，包括运动、游泳、领养宠物、参与农业种植等活动，这种模式主要集中在托斯卡纳、翁布里亚、威尼托、特伦蒂诺等多个地区，基本遍布了意大利的南北区域。

经验启示

意大利农业农村的发展经历了不同阶段的探索历程，无论从绿色发展理念的完善、生产方式的转型升级，还是发展模式的多元创新，都具有较强的借鉴意义。在新发展格局之下，我国如何全面实施乡村振兴战略，促进“三农”的高质量发展，需要从以下三方面进行思考。

注重农业高质量发展。与意大利农业发展相似，我国同样经历着农业由量到质的需求转化，在农业供给侧结构性改革的推进下，要进一步提升农业发展质量。要因地制宜，打造区域性的特色产业发展格局。要着力构建现代农业产业体系、生产体系、经营体系，加快促进农业转型升级。同时，还要继续挖掘农村多元资源的多重价值，通过农业、生态、文化等资源的互动融合提升乡村的内生发展能力。

打通城乡要素资源流通。通过意大利的农业发展历程可以看出，城市工商资本的流入有效推动了农业农村的发展。同样，在实现全面脱贫后，乡村发展面临新一轮的发展需求，仅依靠自身力量远远不够，要通过城乡融合，打通城乡资源要素的双向流动，促进资金、人才、管理经营等多种力量向农村流入。同时，还要进一步引导消费者形成绿色的生产生活观念，引领健康、高质量的生活品质，也为双循环发展模式注入消费实力。

加强乡村发展立法多维度保障。意大利是欧盟成员中首个将农业旅游纳入法律体系的国家，从实践来看，法律保障对农业农村的发展意义重大。中国在新时期乡村振兴实施阶段，也要进一步完善法律制度，尤其要针对休闲农业等重要领域建设法律保障机制，提升休闲农业的发展后劲。

（作者单位：农业农村部农村经济研究中心。原文刊载于《中国城乡金融报》2021 年 3 月 17 日 B3 版）

韩国：让农民在“新村运动”中受惠

■ 林　煜

“三农”问题是关系国计民生的根本问题。第二次世界大战以后，为改善农村的贫穷落后面貌，许多国家都实施了农村发展战略。其中，韩国开展的“新村运动”是国际社会公认的农村开发的成功案例。

作为与我国一衣带水的邻国，韩国通过开展“新村运动”实现了农民、农业、农村的现代化转型，缩小了城乡之间的收入差距，实现了区域之间的融合发展，为韩国乡村振兴打下了坚实的基础。

主要做法

归纳起来，韩国开展的“新村运动”主要采取了以下做法。

健全组织机构。1947 年 12 月，韩国在 1906 年成立的劝业模范场（音译）的基础上组建了“国立农事改良院”，后经多次改组，于 1962 年 4 月成立了农村振兴厅。农村振兴厅集行政、科研、推广、教育培训职能于一体，是农林水产食品部旗下的组织机构，具有农林水产食品部技术局职能，对韩国农业发挥着巨大的技术支持和行业引导作用。

加大“三农”投入。1971 年到 1978 年，韩国政府在乡村振兴上的财政投入增长 7 倍，从中央到地方的财政投入总额增长 82 倍。1970 年到 1980 年，仅仅十年间，韩国政府财政投资合计逾 2.75 万亿韩元。大量的资金投入为韩国乡村振兴提供了稳定的资金流。同时，韩国政府为了促进农民增收，实施了一系列直接和间接促进农民增收的补贴政策。例如，专门制定了针对水稻实施的双重价格政策，通过提高粮食价格和政府高价收购大米、低价卖给城市的方式，保障农民增收。

重视人才培养。自韩国实施乡村振兴以来，施行了向农村倾斜的教育政策，用于保障农村孩子的受教育权。1967 年，韩国政府颁布了《岛屿、偏僻地区教育振兴法》，明确规定免费教育要优先在偏僻地区、岛屿发展。为了提升职业学校学生产学结合的技能，1973 年，韩国修改了《产业教育振兴法》，强制企业参与职业教育，为职业学校学生实习创造了条件。另外，韩国还专门设立了新村领导研修院，用于开展新村领导人和社会各界负责人的培训教育。同时，推进村会堂建设，做实乡村治理。据统计，1978 年村会堂的数量就达 3.4 万个，几乎每个村庄都有村会堂，以此实行村民自治。

经验启示

作为邻国，韩国与我国的地理位置、资源禀赋等有一定的相似性，其经验和做法可以为我国乡村振兴提供有益借鉴。但不能照搬照抄，需立足于我国国情，走符合我国实际情况的乡村振兴道路。

全面统筹规划，设立组织机构。我国乡村振兴战略是关系到全局的大政方针、战略部署，其地位和性质决定了这一战略的实现需久久为功、全面统筹、科学规划。2021 年 2 月 25 日，由“国务院扶贫开发领导小组办公室”整体改组而来的国家乡村振兴局正式挂牌，既是我国脱贫攻坚战取得全面胜利的一个标志，也是全面实施乡村振兴，奔向新生活、新奋斗的起点。下一步，应根据中央精神和文件的规定，对乡村振兴的目标、任务等进行细化，明确发展的原则、规则，配套相关政策保障，制定具体实施路径。抓紧出台各项政策的具体实施办法，确保工作不留空档、政策切实可行。准确定位政府在乡村振兴战略中的权能职责，充分发挥政府的领导、规划、管理、监督作用。

完善法律政策，提供制度保障。我国在加大农业农村投入的同时应发挥好法律保障作用，从法治的高度规范扶持政策的操作和实践，将对乡村振兴宏观层面的扶持政策转向对保障农民收入、促进农业生产、促进乡村振兴等方面的具体项目和微观层面的扶持政策。在全面依法治国的要求下制定对农业农村的扶持政策并完善相关法律法规，防止政策落实不到位，以此确保乡村振兴扶持政策的实施并进一步推进我国农业农村法治建设。目前，全国人大常委会正在研究制定《乡村振兴促进法》，这是我国完善农村法治建设的一大进步，通过法律进一步强化实施乡村振兴战略的根本制度保障。

注重人才培育，发挥基层作用。我国一直以来十分注重乡村振兴人才的培育，2021 年 2 月中共中央办公厅、国务院办公厅印发《关于加快推进乡村人才振兴的意见》提出，引导城市人才下乡，推动专业人才服务乡村，吸引各类人才在乡村振兴中建功立业。在乡村振兴过程中，应坚持农民主体地位理念，充分尊重农民意愿。准确定位政府、基层组织、企业与农民在乡村振兴事业中的位置，突出农民主体地位，充分尊重农民意愿，正确处理乡村振兴多个参与主体之间的关系。以持续增加农民收入、提升农民幸福感、促进农民共同富裕为实施乡村振兴战略的出发点和落脚点，切实保障农民权益。

（作者单位：农业农村部农村经济研究中心。原文刊载于《中国城乡金融报》2021 年 4 月 7 日 B3 版）

德国：多元化发展让乡村蝶变

■ 胡杰华

第二次世界大战后，随着工业化发展和城市化进程加快，德国农村人口大幅减少，出现了大量空心村，村庄凋零现象严重。为了促进农村发展，德国制定了“乡村再发展”政策，推出了以提升村容村貌及构建现代化乡村服务体系为目的乡村治理工程；积极推行“城乡等值化”发展理念，促进城乡一体的基础设施和公共服务建设；实施“村庄更新”战略，实现了城市和乡村协调有序发展。如今，德国已成为世界上城乡差距最小、城乡融合度最高的国家之一。

做好制度规划设计

合理的体制机制是乡村振兴发展的基础，具体的法律规范是乡村振兴落实的保障。针对乡村振兴，德国先后出台了《空间秩序法》《土地整理法》《农业结构预规划》《未来投资计划》《联邦空间秩序规划》《州域发展计划》《区域规划》《建筑法典》等一系列法律法规。

例如，1953 年联邦德国颁布的《土地整理法》将调整农业结构作为乡村发展的首要任务，保证了乡村农业和林业经济的发展空间；1975 年欧洲委员会颁布的《建筑遗产欧洲宪章》和 1977 年联邦德国颁布的《未来投资计划》倡导“村庄更新”的合理性和可持续性，为城乡协调发展奠定了基调；1984 年联邦德国颁布的《农业结构和海岸地区保护议程》提出，将单个村庄发展与其所处区域的整体发展相结合的新思路；2004 年颁布的《农业结构和海岸地区保护议程》进一步明确“整合性乡村发展框架”，打通乡村发展与区域建设的渠道，搭建乡村与所在区域融合发展体系。正是这些规划与制度，为德国乡村振兴指明了正确方向。

实施村庄更新战略

德国乡村振兴采取的主要战略是以“城乡等值化”为核心的“村庄更新”（Village Renewal）。

1965 年，德国巴伐利亚州制定了《城乡空间发展规划》，将“城乡等值化”确定为区域空间发展和国土规划的战略目标；1975 年，以整个联邦德国为发展对象的《联邦空间秩序规划》再次提出了“城乡等值化”概念，规定联邦内的所有城乡居民具有同等的生活条件、工作条件和交通条件，享有同等的公共服务和社会保障等权利。

“城乡等值化”并不是要进行以城市为样板的“村庄更新”建设，不是要彻底消灭城乡在产业结构、生产方式、文化和自然景观等方面的差异，也不是要建立区域范围内的绝对平均空间，而是要逐步缩小城乡社会发展差距和基础设施服务水平的差距，确保城乡所有人有相同的发展机会和生活水平，充分利用城乡各自的区域优势条件发展各自产业，增进城乡融合一体化的相互依存关系，以生态、绿色、和谐、系统化的方式促进城乡区域协调均衡发展。

改善农村生活环境

德国的“乡村等值化”理念和“村庄更新”战略，主要包括乡村基础建设、农业产业、人居环境和乡土公共文化四个方面。基础建设涵盖了乡村教育、医疗、交通、养老等多个领域，构筑起乡村的民生基础；农业产业的发展增加了村民的收入，成为乡村的经济基础；人居环境整治提升了村民的生活工作环境，保证了乡村的环境基础；乡村公共文化建设突出了乡村的文化特征，是乡村的文化基础。这四个方面覆盖了乡村主要的基础民生和公共服务，为乡村居民提供了与城市居民同等的生活条件和社会保障，也为乡村的可持续发展提供了有力支撑。

增强农村居民素质

乡村振兴要取得较好成效，离不开高素质的农民群体和村民参与的治理机制。在德国，农民虽只占全国人口的约 2%，但受教育水平普遍较高。据统计，2015 年德国农民中受过农业高等教育的约占 10%，受过职业进修教育的约占 59%，具有中等职业教育学历的约占 31%；在所有农民中，持有《专业资格证书》和《农民师傅证书》的比例达 22%。德国农民数量少、素质高特征明显，平均一个农民可养活 150 个人。德国的《职业教育法》规定，只有具有相应职业资格证书的人方能取得经营管理农场及招收学徒的资格，“高门槛、严规定”规范了农业专业性和农民技术性。在德国乡村发展的总体设计框架中，保护地方自身需求的优先性始终被置于前端。

乡村规划是“自下而上”的公众参与模式，各地设有专属乡村规划师。乡村规划师的主要任务不是决策，而是组织、协调、引导村民各抒己见，通过公众公开、全程参与的形式，协商形成公众满意的方案，指导当地农业农村发展。这种公众参与模式极大地发挥了群众智慧，汇聚了集体力量，形成人人参与规划、规划惠及人人的良性循环，为乡村振兴不断提供内生动力。

（作者单位：农业农村部信息中心。原文刊载于《中国城乡金融报》2021 年 4 月 21 日 B3 版）

西班牙：依托乡村旅游助力乡村振兴

■ 曹 敏

西班牙是世界上最早将农业种植与旅游业结合，发展乡村旅游的国家，有着“欧洲果蔬园”的美誉。西班牙农地面积占国土面积的13.8%，居欧盟第二位，农业总产值约占GDP的2.5%，全国60%以上的果蔬用于出口，其中95%出口至欧盟其他国家及中国、日本和美国等市场。

西班牙是一个靠售卖阳光和海滩就可以养活一半民众的神奇国度，明媚的阳光、古朴的街道、惊险的斗牛表演、激情的弗拉明戈舞……都是这个国家的标签。

主要做法

产业兴旺是乡村振兴的重要基础，是解决农村一切问题的前提。创新旅游模式，实现乡村旅游与休闲娱乐功能契合式发展，是乡村振兴的重要途径之一。在推进乡村旅游发展中，西班牙主要采取了以下措施。

政府扶持和非政府组织推动。西班牙对乡村旅游的扶持力度非常大，如西班牙政府通过减免税收、低息、补贴等方式帮助农民修缮50年以上的老房子，并改造为乡村旅馆，帮助农村居民吃上旅游饭，实现脱贫致富。同时，非政府的乡村旅游协会发挥着非常重要的作用。西班牙乡村旅游协会（ASETUR）是一个民间的联合体，西班牙经营乡村旅游的业主逾60%都加入了这个协会。协会和政府有着良好的合作关系，会把各个会员单位组织起来，通过预订中心、报纸广告和互联网等渠道进行统一营销推广。此外，为确保良性运营，协会还制定一些标准，要求会员单位执行。协会网站上有各个会员单位的介绍，游客可以直接在网站上进行预订，从而形成良好的营销生态环境，促进乡村旅游持续发展。

充分挖掘文化资源与自然禀赋。西班牙位于欧洲西南部的伊比利亚半岛，地处欧洲与非洲的交界处，是一个多山国家。西班牙乡村根据不同的自然环境，因地制宜挖掘旅游资源，将乡村的一些城堡改造为饭店，把大农场、庄园进行规划建设，提供徒步旅游、农事体验等项目，发掘了番茄大战等农业特色化、创意化娱乐项目，使全国4%的农业人口创造的农业旅游产值超过了海滨旅游，成为西班牙旅游中的重要组成部分。

采取灵活多样的经营形式。针对市场推出更多精细化的分类服务，以吸引不同的消费群体，例如为户外运动爱好者提供滑雪、攀岩、山地车、滑翔伞等运动项目；为老年人群体提供休闲度假之旅、绿色有机食品之旅等；为购买力强的消费者提供酒庄、温泉奢华游，以及为自驾爱好者提供房车营地等。同时，为了不断满足游客的多样化、个性化需求，西班牙每年都会投入大量的资金进行农业特色化创意点子的征集和研发，让葡萄、葡萄酒、橄榄油、沙丁鱼等农产品不断走向世界。此外，在西班牙旅游，只要游客愿意，就可以把整个农场租下，自理游玩期间生活上的所有事务，这种灵活多变的经营方式不仅能够让游客以自己喜欢的方式游玩，还充分发挥了乡村旅游的独特魅力。

经验启示

旅游业不仅为乡村留住了人口，也让乡村“旧貌换新颜”。从西班牙发展乡村旅游的成功经验中我们可以得到以下启示。

发展乡村旅游，需要围绕乡村特色开发旅游产品。要结合乡村节庆活动、特色农事活动，把特色文化融入到旅游产品当中，力求设计有极好参与性、互动性和体验性的综合型旅游产品，从而达到乡村旅游的差异性目标。要将现代城市人的时尚元素融入到地方文化元素当中，注重在民族民俗性旅游产品中融入现有主流文化内容，从而实现传统与现代有机结合，让游客在独特的文化产品中感受到旅游的乐趣。

发展乡村旅游，需要做好乡村旅游配套设施建设。乡村旅游发展除了要做好项目的设计、开发外，还应做好配套设施建设，以确保旅游价值的充分实现。当前我国一些地区的基础设施建设落后，影响了游客的体验感。同时，一些旅游项目在形象塑造、宣传推广等方面缺乏科学的规划，导致知名度不高，影响了乡村旅游扶贫功能的实现。发展乡村旅游，需要充分发挥协会等专业组织的作用。行业协会等专业组织应当主动作为，担负起行业领域的主要连接和枢纽作用，为乡村旅游发展提供更多的资金支持和发展规划指导，要在信息提供、协调行动、行业规制、信誉生成等领域实现最大化优势。同时鼓励更多的社会力量积极参与到乡村旅游开发建设中来，激发农民自身动力，共同把乡村旅游之路发展好、建设好。

（作者单位：农业农村部信息中心。原文刊载于《中国城乡金融报》2021 年 7 月 28 日 B3 版）

巴西：打好“组合拳”推进乡村振兴

■ 赵秋倩

巴西自然资源丰富，盛产咖啡、可可、大豆、蔗糖等农产品，有21世纪“世界粮仓”的美称。作为拉丁美洲最早开始现代化的国家之一，在城市化与现代化道路探索中，巴西也面临着城乡发展不平衡等诸多问题。针对乡村地区产业不振、人口外流现象严重等问题，巴西打出“组合拳”，较好地推动了农业农村发展。

主要做法

实施农村土地制度改革。由于巴西土地长期属于私人所有，国家只在特殊情况才可对私人土地进行干预。伴随土地分配问题的愈演愈烈，1964年，巴西政府颁布《土地法》，并建立全国土改和垦殖委员会，构建农村土地再分配和土地管理体系。在土地改革政策实施中，巴西政府遵循两大基本路线：一是减少社会分配的两极化，将大农庄土地收归国有后分配至无土地农户；二是解决农民生产发展难题，对家庭式小农提供技术与经济援助，提升土地资源利用效率。

调整农业产业结构。在农村产业结构调整中，巴西政府不断致力于资本与科技力量的培育。其对农业发展持以开放的心态，允许国外资本联合开发巴西农业，实现农业产业新技术与全球化市场的双重推进。例如，巴西借助于欧洲资本，从早先的不种植咖啡树向生产欧洲人爱喝的咖啡转变，成为享誉世界的“咖啡王国”。同时，巴西政府大力发展科技含量高、附加值高的农作物产品与产业，特别是以生物技术发展为核心的“绿色革命”，不断助推农业产业附加值提升，优化农业生产结构。

建立农民合作组织。19 世纪末，巴西的农村合作运动便已开始。20 世纪中期，农民合作组织在全国发展壮大，不断将分散的小农户组织起来，形成集体和个人两种形式的经济联合体。目前，巴西农业行会组织及其分支机构已遍布农村地区，成为农业技术转化和推广的重要力量。通过农民合作组织的推动，农户家庭产业化运作管理体系逐步形成，农业产业整合力度不断加大。同时，借助合作社产前、产中、产后服务，小农户的市场竞争力得以提升。值得说明的是，农民合作组织成员还可以借助农民合作组织参与政治活动，促进农村社会的民主化发展。

完善政策法规。在加强城镇规划、城市环境建设等方面立法建设的同时，巴西通过确立“市”的法律地位，不断规范乡村经济社会发展。例如，《巴西联邦共和国宪法》对在乡村地区设立“市”进行居民人数、最低公共收入、意见征询等相关规定，以确保乡村地区新建“市”能够有效发展。巴西 2001 年 7 月通过的《城市法》，同样适用于乡村地区，以实现乡村发展的具体管理标准与城市等同的目标，进而逐步缩减城乡发展差距。此外，《土地法》也比较系统地规定了农村地区的基本土地所有权关系，对乡村经济社会发展秩序作出有效规范。

构建农业农村发展保障体系。在农业发展保障方面，巴西制定了由土地改革计划和家庭农业支持计划组成的结构性政策、促进农业合作计划的支持性政策以及贸易政策。同时，其农业政策也不断根据国家经济形势进行适时调整，支持和保护农民收入。在农村社会保障方面，巴西

20世纪80年代便建立了农村养老金保险制度，后演变为政府主导的非缴费型农村养老金计划。同时，巴西政府还针对农民群体出台了相应的工伤事故补贴和家庭困难补贴等福利政策。

经验启示

他山之石，可以攻玉。尽管巴西乡村建设中依然存在土地问题解决不彻底、地区之间发展不平衡、收入分配失衡等问题，但其在乡村发展方面进行的探索，也可为我国乡村振兴战略的实施带来以下启示。

第一，立足中国农村土地制度属性，坚持土地公有制本质，持续推动农村"三块地"改革，激发农村土地要素活力。第二，加强农村一二三产业融合发展体系建设，加大农业科学技术投入，不断调整农业产业结构，促进农业高质量发展。第三，扭转农业农村发展"一盘散沙"的状态，增强农村集体化组织建设，提升农村集体经济和合作经济竞争力。第四，完善乡村振兴、乡村建设等诸多法律条文，助推中国特色社会主义乡村振兴实践的制度化与规范化，最大限度地保护农民权益。第五，加强农业农村发展保障体系建设，充分发挥政府在资金投入、政策调控、制度保障方面的重要作用，确保乡村振兴战略稳步实施。

（作者单位：西安电子科技大学。原文刊载于《中国城乡金融报》2021年10月20日B3版）

新加坡：以现代科技打造都市农业典范

■ 杨梦颖

新加坡位于东南亚的心脏地带，面积仅有700多平方公里。作为一个典型的城市国家，新加坡根据土地面积少的特点，充分利用现代科技，发展特色鲜明、产量稳定、效益可观的都市农业，不仅在保障食物供应特别是蔬菜供应、改善城市生态、提供观光旅游等方面取得了较好的成效，而且走出了独具特色的乡村振兴之路。

主要做法

利用自然条件发展优势产业。1965年新加坡建国后，面临着发展经济和稳定社会的重要任务。为了增加就业和保证自给，新加坡充分利用自身得天独厚的区位条件，大力发展特色农业产业。例如，20世纪60年代起步的观赏鱼养殖，便有效利用了新加坡四面环海，沿岸海水营养丰富，水温能随四季变化的自然条件。同时，由于该产业发展所需资本金少、成熟周期较短，方便农民再就业，故迅速成长，使新加坡拥有了“世界观赏鱼之都”的美誉。此外，新加坡寸土寸金，因而大力发展便取地利的花卉、蔬菜、畜牧业等，规避了对土地规模要求较高的种植业。这种独具特色的农业产业结构，为新加坡打造自身农业发展优势奠定了重要基础。

依靠科技力量发展现代集约农业。20世纪80年代中期开始，新加坡就开始由国家出资，建设现代化集约化的农业科技园。农业科技园以公开招标的方式承租给公司或个人经营，租期为10年，以便长远规划。目前，新加坡建设有6个农业科技园。农业科技园采用先进的科学技术来提高农业生产效率。在籽种选育、品种改良、水资源利用、自动化控制技术、工厂集约化生产等环节，采用现代化技术手段，大大提高了资源的合理利用和效益的增长。另外，新加坡还兴建科学技术公园。新加坡政府非常注重新技术的研发，邀请各领域科技专业人员参与科学技术公园的组建和管理。科学技术公园已成为高新科技的重要孵化器。如利用近海优势，发展高科技水产场；将生物技术应用到花卉生产。为了解决面积狭小的困难，新加坡正在集成多项高新技术建设空中花园，推广“垂直绿化”。这不仅为城市提供着时鲜农产品，还可提供休闲旅游的好去处。

延长产业链，提高农业附加值。到20世纪90年代后期，新加坡现代农业已颇具规模，为了进一步夯实产业基础，新加坡通过延伸农业产业链，来提高农业附加值。一方面，充分利用农业科技园的观光休闲和出口创汇功能，发展旅游观光产业，实现产业融合发展。在农业科技园基础上，新加坡打造了集农产品生产、销售、观赏于一体的综合性农业公园，这些农业公园内设科普基地、博物馆、农业体验馆、展览中心等场馆，形成了独具特色的旅游资源，吸引了国内外大批游客前来参观。另一方面，发展农产品加工业，延长农业产业链。由于本土生产的农产品品种和产量十分有限，新加坡与多数亚太地区国家签订了自由贸易协定，大量进口国外农产品，并将进口产品作为原料，发展用于出口的食品加工等下游产业，从而增加贸易收入，提高农业附加值。

经验启示

新加坡土地与水资源非常有限，所需食品90%依赖进口，但仍然无损新加坡农业强国形象。新加坡利用都市农业保障食物供应、增加农民收入、改善城市生态等做法，对我国乡村振兴战略的全面实施具有一定借鉴意义。

因地制宜发展特色产业。我国幅员辽阔，各地自然条件、资源禀赋、经济社会和历史文化条件不尽相同，要因地制宜，科学谋划农业产业结构新布局，充分利用好不同区域的地理区位优势，以市场为导向，有序开发特色资源，创建一批特色鲜明、市场竞争力强的农产品优势区，并以此为基础建设标准化生产基地，达到以特色产业调动农民生产积极性，以特色产业构建乡村发展内生动力的目的。

强化农业科技支撑。同新加坡一样，中国农业发展也面临着人均资源不足的困境，鉴于此，要不断加大对农业发展的科技投入，推动前瞻性基础研究和原创性重大成果取得突破；打造国际性农业科技创新平台基地，提高农业科技的国际化水平，推进产学研紧密结合，将农业科技成果顺利转化成经济效益，为农业发展拓展新空间、增添新动能，引领支撑农业转型升级和提质增效。

推进农村产业深度融合。结合各地资源禀赋，深入发掘农业农村生态涵养、休闲观光、文化体验、健康养老等多种功能和多重价值，通过兴建农产品加工园、农村产业融合发展示范园等平台，打造农村产业融合发展的新载体和新模式。在拓展农业农村多种功能、培育新产业新业态中，延伸农业产业链，促进农业产业内部融合和农村一二三产业深度融合。

（作者单位：农业农村部农村经济研究中心。原文刊载于《中国城乡金融报》2021 年 11 月 3 日 B3 版）

附：

党的宣传思想工作在金融服务乡村振兴中的价值发挥和实践方法

农银报业有限公司青年理论学习小组

摘要：实施乡村振兴战略，是以习近平同志为核心的党中央作出的重大部署，是新时代做好“三农”工作的总抓手，也是新时期金融系统开展农村金融服务工作的根本遵循。党的宣传思想工作历来在党领导的革命、建设和改革事业中发挥着重要作用，是取得各项事业胜利的重要保障。金融企业特别是国有大型银行在以金融资源服务乡村振兴过程中，也应站在推进党的事业的高度，用好宣传思想工作这一“法宝”，更好地激发生产力中最活跃的因素——人的作用，为乡村振兴战略的实施凝聚奋斗力量、弘扬先进文化，展现中国特色社会主义制度的优越性和伟大成就。

关键词：乡村振兴　宣传思想工作　金融服务

为推动乡村振兴战略的实施，为农业银行金融服务乡村振兴工作营造良好环境、宣传典型经验，农银报业于2021年5月起组织记者赴黑龙江、江苏、甘肃、福建、湖南、贵州、江西等地，深入乡村振兴一线进行实地调研采访。在收集、挖掘大量金融服务乡村振兴实践经验的同时，也着重观察了宣传思想工作在助力乡村振兴中的举措、方法和效果。针对调研所得情况，结合在工作中所学理论，对照党对宣传思想工作的要求，特别是党的十八大以来习近平总书记关于宣传思想工作的重要论述，我们对宣传思想工作在金融服务乡村振兴中的价值发挥与实践方法进行了思考与分析。

一、在推进乡村振兴战略中加强宣传思想工作的重要性

我们党历来对宣传思想工作高度重视。党的百年历史实践表明，无论是革命、建设还是改革，要取得伟大胜利，都离不开宣传思想工作。一方面，党通过宣传思想工作为事业发展、工作推进激发内生动力，营造良好环境；另一方面，在党领导的伟大斗争、伟大事业中形成的宝贵精神财富不断成为宣传思想工作的“养料”与“宝藏”，推动宣传思想工作历久弥新，彰显力量。在建党百年之际，党中央总结发布的“中国共产党的精神谱系”深刻地体现了这一规律。

乡村振兴是实现中华民族伟大复兴的一项重大任务，同时也是党领导全国各族人民在实现第一个百年奋斗目标、全面建成小康社会的新时代开展的一项伟大事业。为保证这项事业的顺利推进、目标如期实现，深入、有效的宣传思想工作是必要条件和重要保障。主要表现在以下几方面。

（一）保证党的领导，确保乡村振兴方向不偏航的需要

中国特色社会主义最本质的特征是中国共产党的领导，同样，在中国办好农村的事情，实现乡村振兴，关键在党。乡村振兴战略作为党和国家的重大决策部署，是一项复杂系统工程，需要充分发挥党定调领航、总揽全局、协调各方的领导作用。而党对事业的领导首先是思想上的领导。毛泽东深刻地指出，“掌握思想领导是掌握一切领导的第一位”。宣

传思想工作即保证“思想领导”的主要方法，事关乡村振兴举对旗帜、走上正道的根本问题；事关党在乡村振兴战略实施中的持续领导问题，只能做强，不能削弱。

（二）凝聚广泛共识，为乡村振兴营造良好环境的需要

我们党从成立那天起，就把追求真理、坚守理想融入灵魂血脉，把宣传群众、发动群众作为基本职责，把团结、凝聚、激励中国人民为实现中华民族伟大复兴而奋斗的光荣使命扛在肩上。习近平总书记在庆祝中国共产党成立100周年大会上强调，在百年奋斗历程中，中国共产党“团结一切可以团结的力量、调动一切可以调动的积极因素，最大限度凝聚起共同奋斗的力量”。乡村振兴战略的实施是一项长期、系统的工程，不仅需要动员社会各方参与，凝聚社会各阶层力量，更需要一个正向、稳定的内外部环境。在这个过程中，必须始终坚持做好宣传思想工作这个优良传统和政治优势，为乡村振兴事业的稳步推进营造良好环境。

（三）激活生产要素，做好乡村振兴中人的工作的需要

中国特色社会主义基本经济制度最根本的显著优势在于解放和发展社会生产力，走中国特色社会主义乡村振兴道路，是生产力理论的创新发展和生动实践。这其中，充分激活生产力中最活跃的因素——人，至关重要。只有把人的工作做好了，生产力才能得到充分释放。在乡村振兴战略的实施中，一方面需要用宣传思想工作武装那些投入乡村振兴事业的党员、干部，增强做好工作的信心，提升做好工作的本领；另一方面通过宣传思想工作影响乡村振兴的最终受益者——广大人民群众，使广大群众热情支持、参与到乡村振兴的各项工作中，做到用充分的共识凝聚人，用正向的价值引领人，用优秀的典型激励人。

（四）弘扬先进文化，确保乡村振兴根基牢固的需要

乡村振兴，既要塑形，也要铸魂。乡村文化振兴是乡村振兴战略的应有之义，不仅对于人才振兴、生态振兴、组织振兴具有重要引领和推动作用，更关系到乡村振兴成果的保持、传承。只有坚持物质文明和精神文明一起抓，提升农民精神风貌，培育文明乡风、良好家风、淳朴民风，不断提高乡村社会文明程度，乡村才能持续振兴，长久兴旺。这需要各级党组织、参与乡村振兴战略实施的各方力量充分发挥宣传思想工作的作用，不断加强农村思想道德建设，传承、发展、提升农村优秀传统文化，加强农村公共文化建设，增强乡村文化自信，推动乡风文明焕发新气象，实现乡村文化全面振兴。

（五）运用丰富成果，展现中国特色社会主义制度优越性的需要

乡村振兴战略是习近平总书记基于长期担任地方领导的实践和担任党的领导核心以来的深刻洞察，以马克思主义城乡关系理论为指导，借鉴中国优秀传统农耕文明和国际经验教训而形成的，是对新中国 70 多年城乡发展的经验总结和理论思考，是新时代加快农村发展、改善农民生活、推动城乡融合发展的“总抓手”，具有丰富的理论内涵和实践价值。其成功实践生动体现了中国特色社会主义制度的优越性，同时也是新时代最有普遍性、最具感召力的“中国故事”之一。习近平总书记指出，宣传思想工作要“讲好中国故事、传播好中国声音，向世界展现真实、立体、全面的中国，提高国家文化软实力和中华文化影响力”。伟大的乡村振兴战略的实践过程和成功经验，需要通过宣传思想工作及时总结、生动展现、广泛传播。

二、金融服务乡村振兴实践中宣传思想工作的着力点

中国金融事业，是新时代中国特色社会主义事业的有机组成部分，这决定了我国金融行业、企业必然对乡村振兴战略实施深入参与、大力投入、积极推动。2019 年 1 月，中国人民银行等 5 部门联合印发《关于金融服务乡村振兴的指导意见》，对标实施乡村振兴战略的三个阶段性目标，明确了相应阶段内金融服务乡村振兴的目标和工作重心。在金融服务乡村振兴工作中，党的宣传思想工作如何开展，金融系统的宣传思想工作部门及参与乡村振兴的党员干部如何承担起相应的使命任务，需要金融部门、机构的各级党组织明确工作重心，掌握工作方法。

（一）举旗帜——以习近平新时代中国特色社会主义思想武装乡村振兴金融力量

金融机构是推动乡村振兴战略实施的重要力量。同脱贫攻坚工作一样，在乡村振兴战略的实施过程中，将有大量金融机构及金融从业人员长期深度参与，扎根一线。金融主管部门、金融机构特别是作为党的金融事业主力军的国有大型商业银行应针对性加强宣传思想工作力度，以习近平新时代中国特色社会主义思想武装投身乡村振兴事业的党员、干部和广大员工。通过宣传思想工作，使服务乡村振兴的广大金融从业者心怀国之大者，提高政治领悟力、政治判断力、政治执行力，树牢“四个意识”、坚定“四个自信”、做到“两个维护”，从全局和战略的高度认识乡村振兴的意义与内涵，树立正确的人生观、价值观、世界观以及金融义利观、责权观，坚决履行好金融服务乡村振兴的使命责任，为促进全体人民共同富裕作出更大贡献。

（二）聚民心——宣传政策，凝聚共识，为金融服务乡村振兴营造良好氛围

广大金融机构应该充分运用遍布城镇乡村的机构网点，大力宣传乡村振兴战略的重大意义与工作要求；投身服务乡村振兴的广大金融行业干部员工，都应成为宣传党的乡村振兴方针、政策的行家里手，大力宣传党的乡村振兴方针政策、各地有效实践和丰富成果。投入乡村振兴的金融工作者要注重回应现实的民生需要，不仅要将乡村振兴相关的政策方略、推进成效及时告知人民群众，还应深入社会生活的微观层面，将乡村振兴过程中那些新近发生的、人民群众熟悉的、关乎其美好生活的点滴挖掘、提炼出来，通过宣传作品加强与人民群众之间的联系，引发共鸣，振奋基层干部群众精神，为金融服务乡村振兴营造良好氛围，在全社会形成振兴乡村的强大合力。

（三）育新人——价值引领，典型引路，激发更多力量投入乡村振兴

宣传思想工作是做人的工作的，只有把人的工作做好了，宣传思想工作才能真正发挥效用。乡村振兴的宣传思想工作也是如此，要做到用共识凝聚人、用价值引领人、用典型激励人。各金融机构应注重挖掘、培育金融服务乡村振兴工作中涌现出来的先进机构、先进人物、先进事例。用身边人、身边事教育引导人民群众，让群众理解乡村振兴、支持乡村振兴，从而共同推进乡村振兴。要把选树典型作为推进乡村振兴工作的重要抓手，在选树上立时代标杆，在宣传上扬时代精神，在推广上重示范效应，在效果上彰社会尊重，把乡村振兴事业中涌现出的金融行业时代楷模选树出来，使他们身上爱岗敬业、勤奋勤勉、创新创造的优秀品德发扬光大，激发更多金融人投身乡村振兴的内生动力。

（四）兴文化——金融服务与文化融合相结合，筑牢乡村持续振兴的文化根基

加快乡村文化建设不仅是全面推进乡村振兴的题中应有之义，而且是全面推进乡村振兴的重要举措。文化是乡村各项事业发展的根基，根基牢固了才会枝繁叶茂。金融企业在服务乡村振兴过程中，一方面应通过金融资源支持乡村文化事业的发展，包括发展乡村特色文化产业、健全公共文化服务体系、增加公共文化产品和服务供给等；另一方面，应通过广泛、深入的宣传思想工作，将金融行业所特有的良性文化与传统乡村优秀文化有机结合，为乡村的持续振兴在文化、理念层面筑牢根基。如国际金融业在几百年的发展中形成的法治文化、体制文化、创新文化、敬业文化；中国金融业所倡导的信用文化、风险文化、绿色金融、普惠金融等，通过文化融合，为乡村文化的振兴作出特有贡献。

（五）展形象——讲好金融服务乡村振兴的中国故事，提供普惠金融中国方案

在服务乡村振兴过程中，广大的金融机构探索出多种适应当地实际、产生现实效益的金融服务模式和产品等。这些成功经验不仅是一时一地乡村振兴工作的有效成果，更是以普惠金融增强人民福祉的有益探索和生动实践，具有世界意义。金融机构应做好相关经验的总结与收集，形成模式与案例，积极宣传推广，向国内外受众展现“以人民为中心”的中国特色社会主义金融制度的优越性。

三、农业银行做好金融服务乡村振兴宣传思想工作的方法论

农业银行自成立以来，始终以服务“三农”为主责主业。七十年发展历程中始终按照党中央决策部署，不忘初心，履职尽责，是当之无愧的“三农”金融服务的“国家队”“主力军”。农业银行新一届党委成立后，明确提出要把服务乡村振兴作为检验各级行党委政治站位的“试金石”，义不容辞地扛牢服务“三农”和乡村振兴的责任和使命。如何做好乡村振兴的宣传思想工作，是农行各级党组织及宣传部门的一项重要课题。

（一）金融服务乡村振兴的宣传思想工作，要体现政治担当

实施乡村振兴战略，是党的十九大作出的重大决策部署，是决胜全面建成小康社会、全面建设社会主义现代化国家的重大历史任务。农业银行作为金融服务乡村振兴的“国家队”和“主力军”，担负着历史性的重任。从广阔内地到沿海边疆，到处都是农业银行金融服务乡村振兴的主战场。特别是刚刚实现脱贫的三区三州、山区老区等重点地区，有千千万万的农行人围绕乡村振兴倾心投入、不懈奋斗。与此同时，我们也看到，对于乡村振兴工作，金融同业普遍发力，社会公众广泛关注。农业银行的宣传思想工作，应在加大力度的基础上，着重把农行金融服务乡村振兴的发展战略、决策部署、组织推动以及产生的重大成果，上升到坚决贯彻落实中央决策精神上来宣传；把几十万农行人金融服务乡村振兴的作为与贡献，放在服务党和国家的工作大局中来书写；在推进乡村振兴的历史性伟大事业中，彰显出农业银行作为“党的银行、国家的银行、人民的银行”的大行担当与良好形象。

（二）金融服务乡村振兴的宣传思想工作，要彰显农行特色

在金融助力脱贫攻坚的过程中，农业银行探索实践出很多特色鲜明、行之有效的方法。如西藏的“钻金银铜”四卡、新疆地区的“兵团建制”等。随着脱贫攻坚取得决定性胜利，这些案例已经被写入金融服务脱贫攻坚的“史册”，成为农业银行服务乡村振兴的光荣。同样，在金融服务乡村振兴过程中，随着各地农行机构不断探索，涌现出了很多行之有效的案例和模式。对于这些异彩纷呈的实践经验，应站在“乡村振兴的中国模式”“农村金融的中国经验”的高度来总结、提炼；站在“普惠金融”改变民族命运、推进区域变革、体现社会主义金融制度优越性的高度，实现更高层面、更大影响力的挖掘和宣传。

（三）金融服务乡村振兴的宣传思想工作，要弘扬农行精神

在近十年的金融服务脱贫攻坚过程中，农业银行涌现出许多优秀典型，成为广大农行人服务脱贫攻坚的引路楷模和精神动力。这些先进典型既有各自的经历、特点，但也在很大程度上体现了一种农行人共有的“精神文化”。如牺牲在脱贫攻坚战线上的湖南分行员工龙俊、长期扎根新疆农村扶贫的新疆分行干部白雪原，以及为定点帮扶县、帮扶村整体脱贫作出突出贡献的农总行干部李海波、李浩等，他们身上无不体现出真心付出、全力投入，锲而不舍、攻坚克难，敢于胜利、舍我其谁的奋斗精神，这些精神正是农业银行“服务‘三农’的责任担当精神”的延伸和升华。我们应在金融服务乡村振兴的宣传思想工作中继续深入挖掘、系统总结、精准提炼这些先进典型背后的精神文化因素，使其深植为农业银行特有的精神文化基因，为农行丰厚的企业文化增加新内涵。

（四）金融服务乡村振兴的宣传思想工作，要做好系统谋划

乡村振兴是党的一项长期战略，目前方兴未艾，就金融行业而言，各家金融机构均已“投入重兵”、倾力推进；在对金融服务乡村振兴的宣传上，也各展其能，精彩纷呈。为宣传好农业银行在服务乡村振兴工作中的作为与成就，需做好全局安排和系统谋划。不仅要做好各地区各条线涌现出来的先进集体、英模人物、典型案例的及时宣传，而且要做好以点带面的统筹规划和整体推介；不仅要做好对金融服务乡村振兴的成果的宣传，而且要关注其效果的持续性；不仅要做好营造氛围、推广经验、凝聚力量、推动工作的农行系统内宣传，而且要面向社会、面向国际做好典型案例宣传，争取进院校、进课堂，在国际知名媒体上推介报道，使乡村振兴的农行故事、农行声音，为新时期“中国故事、中国声音”增添光彩华章。

（五）金融服务乡村振兴的宣传思想工作，要抓好队伍建设

做好金融服务乡村振兴的宣传思想工作，必须有一支政治强、懂宣传的队伍。一方面，要对农行系统的专业宣传岗位人员加强教育培养，使农业银行宣传思想干部不断掌握新知识、熟悉新领域、开拓新视野，增强本领能力，加强调查研究，不断增强脚力、眼力、脑力、笔力，成为一支政治过硬、本领高强、求实创新、能打胜仗的宣传思想工作队伍。另一方面，要通过宣传、培训等手段，让每一个投身于金融服务乡村振兴的农行人都具备一定的宣传思想工作素养，在做好金融服务的同时，能够为农业银行的事业发展鼓与呼，能够讲述、传播农业银行服务乡村振兴的经验与贡献。

（六）金融服务乡村振兴的宣传思想工作，要注重创新融合

习近平总书记指出，要做好宣传思想工作，必须重点抓好理念创新、手段创新、基层工作创新。乡村振兴工作根在基层，围绕乡村振兴的宣传思想工作必须做得生动活泼，让乡村振兴的受益者——广大人民群众喜闻乐见，易于接受，乐于传播。这需要宣传工作者深入基层、深入一线，善于观察，广泛收集材料，在此基础上，运用丰富的宣传语言、形式、方法、技巧创作出更多更好的作品，实现传统媒体与新媒体融合制作，网上网下协同传播，让宣传思想工作的成果覆盖更广、传播更远、影响更深入。

后　　记

为进一步提升宣传思想与新闻舆论工作水平，发挥行业媒体的价值作用，为农业银行金融服务乡村振兴提供信息参考与新闻宣传支持，我们认真学习领会习近平新时代中国特色社会主义思想，结合农银报业公司工作实践，编著了这本《乡村振兴金看点——金融服务乡村振兴论集》(2021版)。希望能给参与到乡村振兴伟大实践的各个层面的工作者带来一点启发和借鉴。

乡村振兴是全域、全员、全面的振兴，实施乡村振兴战略是一项长期的历史性任务，是一场持久战。金融服务乡村振兴任重道远，以农业银行为代表的中国金融企业在这条路上刚刚起步。同样，在新闻宣传工作推动乡村振兴战略实施方面，我们也刚刚开始探索，也期望这项工作随着乡村振兴的不断推进取得新的成效。

因为首次尝试此类编纂工作，在稿件的选取、类型的归纳、文章的点评以及内容的编排上，都存在很多有待提升的地方，诚心盼望诸位读者、同仁给予批评指教！

全面推进乡村振兴工作刚过开局之年，我们这项工作也将不断推进，力争每年不断取得进步，实现更大价值。

本书主体部分由刘艳辉、沈苏月、李静、向红、白鹏、张敏、王玉翔、夏明辉、金然、岑婷婷、吴德立、刘葵、王安琪等同志编辑、整理完成；刘艳辉对本书的内容作了整体勘校；全书总纂为孙明。同时，也感谢《中国城乡金融报》及《金融文化》杂志的诸位编辑、编审，他们对本书基础内容所做的出色工作，是本书得以编纂出版的根本保证。

编写组

2022年11月